筋トレが最強のソリューションである

マッチョ社長が教える
究極の悩み解決法

バルクアップ版

Testosterone 著

ユーキャン
自由国民社

バルクアップ版　はじめに

　8年前、俺は今や伝説と化している著書『筋トレが最強のソリューションである』を出版した（**あなたが今まさに読み進めているこの本です！　伝説なので心して読んでください！**）。

　なぜ全人類が筋トレをするべきなのか――。ただひたすらに筋トレ愛を叫んだこの本は、日本における筋トレブームの火付け役になった。

　今や「筋ソリューシリーズ」は累計60万部を突破しており、たくさんの読者から熱い声が寄せられている。

「筋トレに出会えて人生が変わった！　ありがとう！」

「本書を読んで前向きに生きられるようになった！」

　といったうれしいご感想や、

「この本をキッカケに筋トレ始めて先日ボディビル大会で優勝しました！」

(写真も送られてきたがとてつもない肉体だった)

「筋トレにハマってしまい、トレーナーの資格をとり、会社を辞めてジムをオープンしました！」

といった俺も驚いてしまうご報告もあった。これらはほんの一部に過ぎず、俺の元には筋トレで自分の道を切り開いた方々からのメッセージが日々届き続けている。

「良い本とは読者の行動を変えられる本である」とよく言われるが、その定義だとこの本以上の本は地球上に存在しない。なぜって、**この本は読者の行動どころか人生を変えてしまう本だからである。**まあ、この本がすごいってよりは筋トレがすごいんだけどね。はぁ……筋トレ尊すぎる……好き！

失礼、脱線した。話を戻そう。

8年前と今とを比べると、筋トレの社会的立ち位置もずいぶん変わった。

当時は筋トレ好きは少数派だったが、今や国すらも筋トレを推す時代である。筋トレ人口の増加や筋トレが持つ凄まじい健康効果についての研究が進んだことなどにより、2023年に厚生労働省が策定したガイドライン（健康づくりのための身体活動・運動ガイド2023）ではついに「週2〜3回の筋トレ」が推奨されるようになったのだ。俺が以前からずっと叫び続けている「全国民総筋トレ時代」も夢物語ではなくなってきているのである。

筋トレの社会的地位と同様、俺自身の置かれる状況もガッツリ変わった。発刊当時、俺のX（旧Twitter）のフォロワーはまだ3万人ほどだったが、今では210万人を超え、執筆した著書の累計発行部数は100万部を突破し、全国民総筋トレ時代を達成するために超高性能の筋トレアプリまで作ってしまった。

とはいえ、8年前も今も言ってることはずっと変わらない。基本、「筋トレしろ」しか言ってない（笑）。ちなみに、この本を出してからの8年間、俺は筋トレを1週間以上休んだことは一度もない（ドヤ顔）。

さて、このたび「バルクアップ版」を刊行するにあたり、ガッツリ手を入れようと思ったのだが、今読んでも非の打ちどころのない名著であり、ほとんど修正する箇所はないことが判明した。年月は経過しても、真理は変わらないのだ。だがしかし！　それだと新たに出版する意味がないので、内容を大幅に付け加えた。完成度はさらに高まったと思ってもらっていいぞ！　**アップデートする箇所がなかったので、バルクアップしたのだ。**だから、バルクアップ版！

さあ、人生を変える心の準備はできているか？

早速はじめていこう！

筋肉は裏切らない！

Testosterone

はじめに

10年前、僕は運命の相手と出会った。そう〝筋トレ〟だ。

皆さんごきげんよう。この本で初めて僕を知ってくれた人はもちろんだが、ツイッター（@badassceo）でもほとんど素性を明らかにしていないから、フォロワーの中には「筋肉のことばかりつぶやいているTestosteroneって誰？　何者？」と思っている人も多いだろう。簡単に自己紹介すると、僕は１９８８年生まれの27歳。日本で生まれ、高校から大学までをアメリカで過ごしたのちに帰国。現在は日本企業の役員を務めつつ、とあるアジアの大都市で企業の社長として働いている。

自分で言うのも何だが、僕は学生時代から文武両道の生活を送ってきた。アメリカではバスケットボール、アメリカンフットボール、ウエイトリフティング、レスリング、ボクシングなど様々なスポーツを経験した。特に本気で取り組んだ総合格闘技では、世界最大の格闘技団体ＵＦＣのトップ選手と生活を共にしながら切磋琢磨。アマチュアながら州のチャンピオンシップ目前というところまでのぼりつめ、無敗のままで格闘家としてのキャリアを終えた。

もちろん学業もおろそかにせず、アメリカの大学でマーケティングを修了。語学の習得にも積極的に取り組み、日本語／英語／中国語を操るトライリンガルになった。

……と文字にすると自分でも惚れ惚れする経歴だ。体力・戦闘力に優れ、語学も堪能。経歴も異端かつ面白く、我ながら文句のつけどころがない（笑）。ただ、僕にはもともと秀でた才能も能力も一切なかった。それどころか、高校1年生のころは体重110kgの肥満児だった。どこにでもいる太った高校生だった自分の人生を一変させてくれたのが、留学中に巡りあった筋トレだ。正しい努力の仕方や成長するコツ、苦境でも折れないメンタル。強いカラダ。そのすべてを教え、与えてくれるものは筋トレ以外にないと断言しよう。

筋トレとプロテインでこの世の99％の問題は解決します。本当です。

この本を最後まで読んでいただければ、きっと実感できるはずだ。

CONTENTS

第1章　メンタルがボロボロになったあなたへ

CONTENTS

第2章 何度ダイエットしても痩せないあなたへ

CONTENTS

第4章　どうしても仕事で成功したいあなたへ

CONTENTS

第5章 異性との接し方が分からないあなたへ

CONTENTS

第6章 そろそろ筋トレしたくなってきたあなたへ

CONTENTS

CONTENTS

第1章

メンタルがボロボロになったあなたへ

メンタルが弱ったら試すべき5つの行動

「あれ？　俺／私メンタルが弱ってる？」って思ったら試すべき行動

①8時間睡眠の確保　②週3日の運動（筋トレが至高）　③朝起きたら太陽の光を10分は浴びる　④3食しっかり食べる　⑤誰でも良いので悩みを話す（**僕はよくダンベルに話し掛けてる**）

効果はすべて科学的に証明されています。

「とりあえず筋トレしてみる」ヤツが勝つ

信じる者は救われる。落ち込んだ時は筋トレ。「筋トレしたって何も解決しねーよ！」と試そうともしない人間と**「訳わからんけどとりあえず筋トレしてみるか！」と試してみる人間には大きな差が生まれる。**筋トレに限らず、人智を超えた理屈では説明のつかない事はたくさんあるので考える前に何でも試すべき。

筋トレをするともれなく自信がつきます

自信がない人は筋トレをして下さい。

①身体がカッコ良くなる　②異性にモテる　③テストステロンというホルモンがあふれて気分上々　**④上司も取引先もいざとなれば力尽くで葬れると思うと得られる謎の全能感**　⑤恋人に裏切られてもバーベルがいるという安心感

以上の理由から自信がつきます。

筋トレで分泌される
テストステロンの恐るべき効果

テストステロンが分泌されると「周りに敵が見当たらねぇ」「おいおい、自分末恐ろしいな」「自分の限界が見えない」「ジムにあるプレート全部持ってこい！」「今日は俺が休むんじゃない、ジムに休ませてやるんだ」「世界……征服してみるか……」

と**なんの根拠もなく全能感が得られます。**

いろいろな世界を持てば追い込まれない

世界をいくつも持っておく。仕事の世界、趣味の世界、家族や友人との世界、色恋の世界。延長線上で考えるのではなく、全部切り離して考える。どれか順調にいってれば他がダメでも耐えられるし、何より一点集中は気張り過ぎちゃって良くない。**気楽にゲームソフトを数本同時進行する感覚ぐらいでちょうど良い。**

自分に恥じない行動を取れば必ず好転する

人生つらくて投げ出したくなる時もある。気持ちはわかるが絶対に自暴自棄になって親に顔向けできない様な事をしたり人様に迷惑をかける様な事はするな。自分に恥じない生き方してれば必ず好転するから。保証する。**自分で自分が恥ずかしいと思う行動を取ったが最後、一気に人生転落するよ。これも保証する。**

悩んだら汗をかいて身体をリフォームしよう

悩んだ時はとりあえず身体を動かして汗かけ。**汗と一緒に不安や哀しみも流れ出ていくイメージをしながら思いっ切り身体を動かせ。** 身体をリフォームするイメージで水をガンガン飲んで体内の古い水と入れ替えろ。気分良くなってきて悩みを忘れただろ？　悩み忘れても運動後のプロテインは絶対に忘れるなよ！

身体が強すぎて脳が弱くても大丈夫だが、逆はダメ

脳と身体は密接にリンクしている。頭がずば抜けて良くても身体が伴っていないと耐えきれず潰れる。筋トレしよう。健全な身体にしか健全な精神と思考は宿らない。**ちなみに身体が強すぎて脳が弱くても潰れない。**超タフで打たれ強い新人類が誕生するだけだ。筋トレしておけば間違いないのである。

1時間で解決！
筋トレカウンセラー

筋トレカウンセラー

患者「会社がつらくて……」
先生「まず腹筋から」
（20分後）
患者「恋人に振られて……」
先生「次ベンチプレス」
（40分後）
患者「友人に裏切られて……」
先生「最後スクワット」
（60分後）
患者「ジム最高！　ダンベルは恋人！
バーベルは裏切らない！」
先生「プロテイン」

あなたが幸せになれば大抵の事は解決する

お世話になった人への最大の恩返しはあなたが幸せになる事だし、許せない奴への究極の復讐もまたあなたが幸せになる事である。**己の幸せを最大化する事に集中して生きればその過程で大抵の事は解決する。**人生は楽しまなきゃ損だ。今この瞬間から幸せに向けて歩き出そう。きっと幸せになってくれよな。

自傷行為に走るなら筋繊維にしろ

メンタルが弱ってきてるそこの君！　自傷行為に走る前に筋トレで筋繊維を傷つけよう！　**筋トレはある種の自傷行為なので立派な代用になります！**　ストレス解消になります！　長期間続けると「**大丈夫？　何目指してんの？　気持ち悪いよ？**」と親族や友人から心配してもらえます！　話し相手（ダンベル）もできるよ！

筋トレは無料の処方箋である

筋トレするとエンドルフィン、アドレナリン、セロトニン、ドーパミン等の**気分ブチ上げオールスターズと言った感じの脳内物質が分泌される**ので、気分が落ち込み疲れた時こそ「無料で処方してもらいにいくか」とジムに行く。有酸素運動やヨガでも処方してもらえる。たったの10分でも効果アリ。お試しあれ。

【エンドルフィン、アドレナリン、セロトニン、ドーパミン等】神経伝達物質の一種。人の精神面に大きな影響を与え、気分を高揚させたり、リラックスさせたりする効果がある。筋トレをすると分泌される事が科学的に証明されている。

筋トレであっという間に解決する9つの悩み

①「モテたい」→筋トレ
②「やる気でない」→筋トレ
③「自信がない」→筋トレ
④「成功したい」→筋トレ
⑤「暇」→筋トレ
⑥「痩せたい」→筋トレ
⑦「アンチエイジング」→筋トレ
⑧「友達欲しい」→筋トレ
⑨「振られた」→筋トレ

筋トレisワンストップソリューション！
困ったり悩んだらとりあえず筋トレ。

「嫌い」という感情が大損である理由

嫌いという感情を捨てろ。好きか無関心かだけでいい。**嫌いなことを考えてもストレスと時間の無駄になるだけで大損だ。**イジワルな顔してあれが嫌いこれが嫌いと話してる同じ時間で、笑顔であれが好きこれが好きって話もできるんだぜ。好きなことの話をしてた方が絶対楽しいだろ？　嫌い、捨てちゃおうぜ。

最後は単細胞が勝つ

「筋トレ筋トレお前は単細胞か！」って思うじゃん？　その通りだよ。**単細胞が勝つ世の中なんだよ。**何でも複雑にし過ぎるのは良くない。仕事で複雑な事やんなきゃダメなんだから私生活でもウジウジ悩んでたら潰れちゃうだろ？**テクノロジーもそうだけど複雑になればなるほど故障するし維持費かかるんだよ。**

犬しか信じられなくなったら筋トレしてみる

「人間不信で信じられるのはワンちゃんだけ……」って感じでメンタルが弱ってる人には筋トレをお勧めしたい。**筋肉は犬よりも従順で裏切らないし育てるという観点で犬の飼育と似てる**し、筋トレにより男性ホルモンであるテストステロンが分泌されると「裏切ったら潰すぞ?」というメンタルに切り替わる。

筋肉の鎧が持つ 4つの特殊効果

①体育会系の人が大抵味方になる「僕も昔はスポーツやってた」効果　②アウトローから謎のリスペクト「強そうな奴は大体友達」効果　③謎の説得力「怒ったら怖そうだし……」効果　④**詐欺、犯罪のターゲットにならない「もっと弱そうな奴狙おう……」効果**

筋肉と100kgはブレない

何かを失った時は自分の筋肉を確かめる。**筋肉を一瞬で失う事はないと思うと安心する。**何も信じられなくなった時はジムに行って100kg持ち上げてみる。100kgはやっぱ100kgだなぁって落ち着く。**筋肉と100kgはブレない。**ブレないものがあると人間は強くなれる。**筋トレは宗教なのだよ。**

人間の器がデカくなる10の行動

①人によって態度を変えない　②ケチケチしない　③恩着せがましくならない　④過去の自慢話をしない　⑤他人の過去の過ちをいつまでも責めない　⑥人脈を自慢しない　⑦人の悪口を言わない　⑧負の感情を表に出さない　⑨人に親切にする　⑩常に笑顔でいる

これらを心掛けていれば人間としての器が徐々に大きくなります。

死にてぇ、と思ったら3カ月だけ筋トレしてみる

仕事もプライベートもダメで八方塞がり。死にてえって思ったら3カ月だけ筋トレしてみてくれ。テストステロンという支配欲を司るホルモンが分泌されてネガティブな気持ちを打ち消してくれる。それに加えて筋肉が付き良い身体になれば気分は最高だ。**見た目が良くなれば気分も良くなる。非常に単純な事だ。**

筋トレ教を信じれば
悪い流れも断ち切れる

筋トレをただの運動だと思ったら大間違いだ。**運動というよりは座禅や礼拝に近い。宗教だ。**ストレス過多や人生がつらい時には、筋トレをして悪い流れを断ち切る。理屈じゃ説明できないので試してもらうしかないんだが、気分最悪の時でも1時間の筋トレで気分最高になったりする。自分でも笑えてくる時がある。

合言葉は「まあいっか」

「まあいっか」の精神で生きよう。執着がすべての苦しみ、悲しみ、怒りを生む。人や物事に執着するのをやめてみよう。他人や物事への執着を捨てれば心が一気にラクになる。**適度にいい加減でいる方が心の健康に良いし、何事もうまくいくし、人生楽しめる。**合言葉は「まあいっか」で気楽にゆる〜くいこう。

昼の仕事と夜の筋トレが最高のサイクルをもたらす

日中は仕事で脳をフル回転させて身体を休め、夜は身体を鍛えて脳をオフにして脳に休息を与える。１日脳と身体を目一杯使った後は勝手に疲れて眠くなるので、夜はグッスリ眠って自律神経とホルモンの力を借りて脳内環境を整えつつ筋肉を超回復させる。**無駄のない最高のサイクルだ。筋トレは脳にもいい。**

ストレスゼロの人は諦めるスピードが速い

人間関係でストレス溜めない人、感情ブレない人は話が通じなさそうな人と意思疎通するのを諦めるスピードが超速い。**「ああ、この人話通じないな」と思うと2秒で諦めて感情オフモードに入る。**真面目な人は諦めないから話の通じない人に体力も精神力もゴッソリ持ってかれる。諦めちゃっていいんですよ。

親切と筋トレで心を浄化する

心を清く保つには人に親切にする事。心を強く保つには筋トレ。親切と筋トレは心を浄化する。ボランティア活動しろとか団体に所属しろとかは言わない。**自分の視界に入った困ってる人に手を差し伸べてやればいい。偽善がどうとか深く考え過ぎるな。**相手もハッピー自分もハッピーぐらいの考えでちょうど良い。

自分で自分を好きになるために行動する（例・筋トレ）

・人に親切にする・ご飯をおごる・筋トレ・ダイエット・ファッションにこだわる

これらは本来自分で自分を好きになるための行動なんだよ。見返りを求めるからストレスが溜まる。**人に好かれるために何かをするんじゃなくて自分で自分を好きになるためにやってるっていう意識に切り替えると楽だよ。**自己満足万歳だよ。

自己中心的であることを恐れない

幸せは連鎖する。自分が幸せなら自然と他人の幸せも願うようになるし人に与えられるより与えたいという気持ちになるもんだ。他人に気を遣いすぎて疲れてないか？　**自分自身が幸せでいればそれが必ず他の人の幸せにもつながる。**まずは自分を大切にしてやれ。自分の幸せのために自己中心的である事を恐れるな。

自分の手綱は自分で握れ。離すな

誰も見てない時にどれだけ自分で自分を追い込めるか。この一点だよ。切磋琢磨できる相手がいないだとか**モチベーションが保てない事を環境のせいにしてる時点でダメだ。自分の手綱を他人に握らせるなんておかしいだろ？**　自分の伸び代は自分で決めて覚悟を決めて何でもやり切れ。「敵は己の中にあり」だ。

心の底から変わりたい、と思える日が来る（来たら筋トレ）

周囲の期待に応えようと自分を偽るな。自分らしく生きて、それでもまだ君の事を好きだと言ってくれる人を大切にして生きればいい。自分偽って好かれたって仕方ないだろ？　一匹狼上等だ。**自分を偽るのではなく、心の底から変わりたいって思う日が来る。**その時は勇気を出して頑張れ。**手始めに筋トレから。**

筋トレすると
悩みの小ささに気づく

「悩んだ時は筋トレってアホか？　一時的に気分はスッキリするかもしれないけど悩みの根源は断てない」って思うじゃないですか？　違うんですよ。**ほとんどの悩みは根源なんてない気分的な問題なんですよ。**筋トレをするとテストステロンを中心としたいろんなホルモンが総動員して分泌されそれに気付かせてくれる。

筋トレをしても残っている問題は悩む価値がある

筋トレをするとほとんどの悩み事が解消する。逆に言うと**筋トレをしても残っている悩み事は真の問題**という事だ。俺はこの方法で悩む価値のある問題かどうかを見極める。さっきこれを実践して家に帰って来たのだが、この問題は深刻なようだ。トイレが派手に詰まっている。筋トレすればなんとかなると思ったのに。

人生も筋トレもネガティブをフル活用すべし

他人の嫉妬からくるネガティブ発言でさえも、成功の証とし燃料として利用する。ネガティブさえも利用する。

お気付きだろうか？　筋トレと同じなのだ。筋トレではポジティブ動作もネガティブ動作も利用して筋肉を追い込み成長させる。**人生のヒントはすべて筋トレの中に隠されている。**

はぁ……筋トレ最高♡

【ポジティブ動作、ネガティブ動作】ダンベルやバーベルを上げる動作（筋肉が縮む）がポジティブ、下げる動作（筋肉が伸びる）がネガティブ。

睡眠時間を死守せよ

寝ないとメンタルから免疫力まであらゆるものが狂うから何があろうと6時間睡眠は死守してほしい。理想を言えば7−8時間。睡眠は何よりも優先しないとダメ。睡眠時間削るのは命削るようなもんだと認識するぐらいでちょうど良い。**睡眠不足をなめたらあかん。**まず寝ろ。話はそれからだ。

Testosterone
コラム
❶

110kgの肥満児だった僕

幼いころは、生粋の肥満児だった。小学校6年生の時点で身長150㎝、体重84kg。高校1年生の時には160㎝、110kg。もちろん、筋トレをしたこともなく、完全な肥満体だった。

母親の愛を過剰に受けて育ち、わがまま言いたい放題、食べたい物も食べたい放題。甘やかされ、今思えばだらしのない生活を送っていた。根性があるわけでもなく、勉強も平均的、体が重過ぎるため、運動も大嫌い。これといったとりえのない子どもだったが、唯一の救いは性格が非常に明るかったこと。根拠はいまだに見つからないが、なぜか「僕は選ばれた特別な存在なのだ」と思い込む、とにかく明るい肥満児だった。

転機が訪れたのは、親元を離れてアメリカの高校に転校してからだ。向こうでは授業の進むスピードが尋常ではなく、一日でも予習復習宿題をサボると週末を全部潰して勉強しなければならないほどだった。もちろん語学もまだ完璧ではない。アメリカでは高校の成績がダイレクトに大学受験に影響するため、現地で大学に通う計画を立てていた僕にとって、まずは良い成績を効率的に取る習慣をつける必要があった。

素行面でも変化を余儀なくされた。アメリカに来た当初はヤンチャで、教師とささいなことで揉めたり、違反行為を働いたりして処分されることも珍しくなかった（といっても生徒同士の同意の上でボクシングをしたりといった程度のことだが……）。そんな生活を続けていたある日、ついに退学処分寸前という事態になってしまう。その時、両親の顔が脳裏に浮かんだ。

「高い留学費用を出してくれている父や母になんて申し訳ないことをしているんだ」

小さい頃は父や母の教えはことごとく無視してきたし、父には何度ぶっ飛ばされても言うことを聞かなかった。が、遠い異国の地で退学処分一歩手前まで追い込まれたことで、勝手に改心したのだ。

同時に、すべての行動は自分の目的、願望、野望のために行うべきであると気づいた。人に言われたから嫌々やるのではなく、自分が生きやすい、こうありたいという環境を作るために行動しなければいけない。僕の生活態度、学習能力は考え方を変えたことにより、一気に改善された。特に食事制限はしていなかったが、体重も15kgほど絞れた。そして渡米して2年目。人生をさらに大きく変える運命的な出会いが訪れた。そう、バーベルとダンベルとの遭遇が。

CRASH!!
60km/hで走る
クルマと激突!!
WOW
その日もジムに向け
愛車を軽快に
飛ばしていると——
SHAAAAAA
MR. TESTOSTERONE
ミスターテストステロン
#1
デッドリフト
交通事故
事件
ササミ
画：福島モンタ
え？
ジムに
行く途中
なので
す、すぐに
病院へ！
大丈夫
だと
思います。
大丈夫か!!
PUSHUUU…
KIKO KIKO
……
お互い
ラッキー
でしたね
カーボ？
プリ？？
はい？
カーボも入れて
プリワークアウトも
飲んだので
いえ
ジムに
行きます
いや、あの
念のため
病院で
検査を…
BUN..
自己
ベスト
更新！
からの
デッド
リフト!!
ササミ
TO BE CONTINUED

※カーボ＝炭水化物のこと
※プリワークアウト＝トレ前に飲むサプリ

第2章

何度ダイエットしても痩せないあなたへ

ダイエット業界の絶対に信じてはいけない謳い文句

①リバウンドしない（あり得ません）②運動不要（健康的に痩せるには断固必要）③いくら食べてもOK（**何もOKじゃない**）④部分痩せ可能（ほぼ不可能）⑤楽に痩せられる（終わると楽に太る）⑥サプリを摂取するだけ（**夢物語**）

「カロリー制限」「糖質制限」の意味を知る

カロリー制限や糖質制限と一言で言い切るから間違ったダイエットが横行する。カロリー制限＝**摂取カロリーを代謝マイナス500kcal前後に制限する事であり絶食する事ではない。**糖質制限＝マクロ栄養素（タンパク質・炭水化物・脂質）の割合を変える事であって炭水化物食べないだけって程単純ではない。

【マクロ栄養素】三大栄養素であるタンパク質、脂質、炭水化物の割合のこと。

アメリカでは
ダイエット＝筋トレは常識

女性の皆さん聞いてください。ダイエット大国アメリカではダイエット＝筋トレは常識です。ホルモンの関係で女性は筋トレしてもムキムキにはなりません。**筋トレすればするほど女性特有のくびれやヒップの丸みが増し、立ち姿もきれいになります。**筋量が増えれば代謝が上がり体重のコントロールも楽になります。

ハリウッドセレブだって ハードに筋トレしてる

「筋トレしたら太くなっちゃうからダイエットは別の方法で♡」とか言っちゃってるそこの麗しき乙女！　君の大好きなミランダ・カーだってジェシカ・アルバだってハードに筋トレしているよ。ハ**リウッドセレブに大人気のダイエット専門トレーナーは大抵ボディビル出身の筋トレオタクだ。**信じろ。筋トレしかない。

今日からできる簡易ダイエット習慣

①茶色い炭水化物に切り替える（玄米、オートミールなど） ②摂取カロリー＜消費カロリーにする（一番大切） ③**食べないダイエットは厳禁（筋肉がなくなる）** ④タンパク質をたっぷり摂る ⑤良質な脂質摂取（オリーブオイル、ナッツ、アボカドなど） ⑥十分な水分を摂取（体重1kgあたり30－35㎖ほど） ⑦野菜摂取（ビタミンミネラル重要）

ダイエットするなら筋トレ＞＞＞ランニング

いらっしゃいませお客様！　ダイエットをご希望ですね！

①ランニング

運動時のみカロリー消費で、30分走っておにぎり1・5個分の消費

②筋トレ

運動時以外24時間体制で代謝UP、ストレス解消やカッコイイ／美しい身体作りに最適

の2つの選択肢があります。

筋トレいつから始めますか？

ケーキを我慢できる画期的な方法

ダイエット中にケーキが食べたくなったら歯を磨け。歯磨きしてる間に感情が落ち着くし、食べたらまた歯磨きしないといけないというハードルもできるのでケーキが我慢できる。俺はケーキを食べてしまいそうな時にこのメソッドをよく使うけど、いつも冷静に歯磨きして、**スッキリしたお口でケーキを食べてる**よ。ケーキ超おいしい。

筋肉が体脂肪を燃やしてくれる

高タンパクな食事、筋トレを維持しないと筋肉は減っていき代謝は下がっていく一方。運動を増やしても食事量を減らしても体重が減るどころか増えたなんて経験ないかい？　**体脂肪を燃やしてくれるのは筋肉**なのに、一般の方はダイエットと言うと真っ先に有酸素と食事制限でその肝心な筋肉を犠牲にしてしまう。

身体はキッチンで作られる

ハードに運動しても痩せないって嘆いてるそこの君！　身体はジムで作られるんじゃない、キッチンで作られるんだ！　**週2の筋トレを1カ月やると考えると運動は計8回、食事は90回だ！　どちらに集中すべきか単純に数を比べるだけでも分かる！**基本は摂取カロリー＜消費カロリー＆高タンパク。

絶対ダメ！
「食べないで運動する」ダイエット

食べないで運動をすれば痩せるという思想に基づいたダイエット、絶対にやめてください。**減っているのは体脂肪ではなく筋肉**です。筋肉が減ると基礎代謝が落ちます。食生活を戻し運動をやめると以前より筋肉が減り体重は重くなるという最悪の状態が待っています。人間らしい生活を続けたいならやめてください。

ダイエットするならまず代謝を学ぶ

流行り物のダイエットなんて鵜呑みにしたらダメだよ。ダイエットの事話すのに代謝やマクロ栄養素には触れない情報ばかりだろ？ **代謝を知らんとどの程度カロリー制限をするべきかも見えてこない。マクロ栄養素の理解なしに糖質制限は絶対に成功しない。**ダイエットの情報なのに、痩せさせる気一切なしだ。

三大栄養素のバランスが栄養をもたらす

日本はやたらとビタミンミネラルを推したがるけど、**ビタミンミネラルのバランスの前にマクロ栄養素（三大栄養素）のバランスの方がはるかに重要だよ。**一般人の健康にもダイエットにも、アスリートの競技力向上にも減量増量にも、基盤はマクロ栄養素だ。頼むぜ日本……栄養学と筋トレ義務教育にしてくれよ。

ダイエットのプロ＝筋トレオタク①
ムキムキの人ほど優秀

ダイエットしたい男性女性諸君、断言するけどこの世にダイエットのプロがいるとすれば筋トレオタクだよ。ムキムキでデカいマッチョのトレーナーなんて俺／私のダイエットには関係ないって思うかも知れないけど**90kg体脂肪率8%の彼らにしてみたら君を50kg体脂肪率15%にするなんて朝飯前。**

筋トレオタクに学ぶ一般の方も摂取した方がよいサプリ

①プロテイン→筋肉だけでなく肌や爪、髪の毛もタンパク質でできています。不足分は手軽にプロテインで補うべきです。②フィッシュオイル→脂肪燃焼、関節、脳、抗メンタルトラブル　③マルチビタミン→身体が正常に働くためにビタミンは必須。

【フィッシュオイル】青魚などに含まれるＤＨＡやＥＰＡなど「体に良い」不飽和脂肪酸を中心としたサプリメント。

美肌、サラ髪になりたければプロテイン

「筋トレしないでプロテイン飲むと太るから飲まないの♡」って言ってるそこの乙女！　心配するな太らない！　**肌も爪も髪もタンパク質＝プロテインでできてる。**プルプルのお肌、ツヤツヤの爪、サラサラヘアーをキープしたければプロテインは必須だ！　飲もう！　**せっかくなのでついでに筋トレもしようそうしよう。**

筋トレ×ぽっちゃりは相性最高！見返すなら筋トレ

「ぽっちゃりは怠慢」だとか「肥満体型の人は自己管理がなってない」だとか軽々しく言うな。物心ついた頃には太ってた、太りやすい体質、怪我で太った、食べる事でしかストレスを解消できないなど様々な理由がある。さて、**ぽっちゃりの人は筋肉がつきやすい体質の人が多くて筋トレ×ぽっちゃりって科学的に最高に相性良いんですけど、筋トレ始めて見返しませんか？**

筋トレ×プロテインの組み合わせが減量停滞期を打破する

ダイエットの最大の敵である停滞期の打破として最も効果的なのが高タンパクな食生活と筋トレの組み合わせです。困ったらとりあえず筋トレしてプロテイン飲んでおけばいいのです。**筋トレとプロテインでこの世の99%の問題は解決します。**本当です。

筋トレの中毒性がダイエットを成功させる

筋トレオタクはジム行って食事制限もしてストイックだなと思うかも知れませんが間違いです。そうしないと気が済まないのです。**タバコや酒がやめられないのと同じで筋トレや食事制限が止められないのです。**ダイエットをする際に筋トレを取り入れる最大の理由はここにある。筋トレには強い中毒性がある。

ダイエットは一時的な行為ではない。ライフスタイルだ

健康的に痩せるのに簡単な方法なんてないよ。ダイエットは一時的な行為ではなくライフスタイルだ。「ダイエット」というワードで視聴率を上げたいだけの理由で酷いダイエットを流行させる無責任なメディアのせいでどれだけの人間がダイエットに失敗して傷付き、最悪のケース摂食障害や鬱病になってるか。

ダイエットのプロ＝筋トレオタク②
仲良くなろう

真のダイエットとは筋肉量を保つor増やしつつ体脂肪を燃焼する事。闇雲にダイエットしても絶対に起こり得ない。**完璧なカロリー管理、栄養摂取タイミング、筋トレ、休養が折り重なって可能になる一種の芸術だ。**この領域のプロフェッショナルこそ筋トレオタク。さあ、筋トレオタクを逆ナンしにジム入会。

タンパク質をしっかり摂取することが減量のカギ

どうしてもカロリー摂取を抑えて痩せたいというならプロテイン=タンパク質をしっかりと摂取する事がカギです。50kgの女性であれば最低でも80g〜100g、カロリーにするとタンパク質1g=4kcalなのでたったの320kcal〜400kcal。**野菜スープがどうとかって話はその後の話。**

自分で決めた目標を達成できない奴は要反省

自分で決めた目標すら達成できない奴に未来はない。話にならないからマジで反省した方がいい。俺は生まれてこのかた定めた目標は確実に達成してきたしこれからもずっとそうだ。3カ月前に7kg痩せると決めた。そして目標の期日まで3日を残した今、目標達成まで**あとわずか10kg**のところまできている。

ダイエット中に
ケーキが食べたくなったら……

目先の快楽と持続する幸福、どっちがいい？たかが5～6分の快楽のために欲に負けて今ケーキを食べて後悔するのか。それとも、未来の幸せのためにケーキは我慢して理想の肉体を手に入れて最強の自己肯定感を手に入れるのか。**答えはもう決まってるよな？**

俺は決まってる。ケーキがないと力が出ないのでケーキを食べる。**チーズケーキ。**

プランを立てる時は環境から入る

意志の力に頼る計画は失敗する。計画を立てる時は環境から作り込め。計画の邪魔になる誘惑や選択肢を徹底的に排除した環境を作れ。例えばダイエット中は家に余分な食品を置かない事。食品が家になければ食べる／食べないという選択肢すら生まれない。**人は弱いので選択肢があればいずれ誘惑に負ける。**

「食事制限不要」に騙されてはいけない理由

食事制限不要を主張するダイエットは一切信じるな。「痩せたいけど食べるのは我慢したくない」という誰もが持つ願望を利用した悪質な詐欺みたいなもんだ。〝**どんなに素晴らしいトレーニング習慣も悪い食習慣を倒す事はできない**〟という言葉がアメリカにあり、この言葉は真実だ。甘い言葉に騙されるな。

Testosterone
コラム
❷

筋トレとの出会いですべてが変わり始めた

アメリカの高校に通い始めてから間もなく、僕はある事に気が付いた。学校にマッチョが異常にたくさんいるのだ。さらに、彼らのほとんどは成績優秀者。日本でよく言われる〝筋肉バカ〟のイメージはまったくない。

「なぜだ？　うらやましい！」

アメリカの高校では選択科目に〝筋トレ〟がある。迷わず履修し、筋トレの基礎を学び始めた。運も良かった。筋トレの先生は、地元でも有名な強豪アメフトチームのコーチだったのである。先生によってカリキュラムが違うのだが、僕が取ったクラスはベンチプレス、スクワット、パワークリーンが必修の本格派路線。どっぷりとハマった僕は同じ授業を取っても単位認定されないのに、2学期連続で筋トレのクラスを選択した。

開始した当初は確かベンチプレス60kg、スクワット120kg、パワークリーン60kg程度だったのが、1年後にはベンチプレス130kg、スクワット170kg、パワークリーン105kgまで伸びた。週3回、1回1時間弱のトレーニングしかしていなかった事を考えると、我ながら素晴らしい成長ぶりである。高校3年生になると、学校のトレーニングルームでは物足りず、町で一番大きなジムに入会した。すごい肉体の人を見るととにかく話しかけ、友人になり、一緒にトレーニングを行った。そこでボディビル選手や、ボクシング全米王者と出会うなどここでも運に恵まれた。

トレーニングを続けるうちに、マッチョな学生に成績優秀者が多い理由も分かった。筋トレは現状把握→プラン作成→実行→アセスメント（評価）→さらなる成長に向けたプラン作成というサイクルでレベルを上げていく。このサイクルは学業、ビジネス、私生活などほかの分野にも応用できるのだ。マッチョは筋トレを通して成果を上げるための方法論を身につけているため、学業でも結果を出せる。自然なことだ。

僕自身の生活も無駄が省かれた。筋トレの時間を確保するためにどれだけ効率よく勉強するか、ストレスを溜めないためにいかに成績上位をキープし、今後の人生のリスクを減らすか（アメリカでは学校の成績が就職にも非常に大きく影響する)、決まった時間に食事を取るためにいかに下準備を済ませておくか。「すべては筋トレのために」というモチベーションで次々に生活を効率化し、筋トレにおいても学業においても加速度的に成長を遂げていった。同時に、最高で110kgに達していた体重もいつの間にか80kgほどに。肥満に悩んでいた少年が気づけば30kgのダイエットに成功していた。

筋トレは、睡眠×栄養×トレーニングの三要素が重なり合ってはじめて最大の効果を発揮する。トレーニングを10時間ぶっ通しで行っても、トレーニングを1時間行い、食事に1時間割き、睡眠を8時間とる者には絶対に勝てない。学業もダラダラ10時間勉強を続けるのが最良の勉強法ではないだろう。一番効率の良い方法を見つけ、後は継続して上達を待つ。数値で成長度がわかりやすい筋トレと違い、上達の見えづらい語学や仕事においても、その仕組みは同じだ。努力は必ず結果につながることを体感するためにも、まずは筋トレに挑戦してみてほしい。一度成長するコツを覚えると、病みつきになるはずだ。

ミスターテストステロン
MR. TESTOSTERONE
#2
6つの禁句
ササミ
画：福島モンタ
筋トレオタクを傷つけるNGワード
①そんなにデカくなって意味あんの？
②なんの役に立つの？
③ほかに趣味ないの？
④ササミより断然モモ肉っしょ！
………
サラダチキン
⑤サッカー選手の体型が一番好き♡
ガーッ
SOCCER
てかさあー
ギクッ
⑥ただのゴリラじゃん
ウホ♡
さよなら〜
これは逆に喜ぶので筋繊維を更に傷つけます
TO BE CONTINUED

第3章

いつも自分に負けてしまうあなたへ

自分の事は自分で救う覚悟を持つ

覚えとけ。**自分の人生を変えられるのは自分だけだ。**同情であなたを助けてくれる人はいても、あなたの面倒を一生見続けてくれる人はいない。他人に依存せず自分の力で生き抜く覚悟を持った者のみが安定した幸福を手にできる。**自分の事は自分で救え。**誰かに頼る事しか考えられなくなった時、人は大切な何かを失う。

人生が必ず楽しくなる8つの行動

暗い顔したそこの君！
①愚痴を言う暇があったら改善策を探せ
②言い訳するぐらいなら潔く謝れ
③妬むぐらいなら教えを請え
④僻まず素直に負けは認めろ
⑤陰口叩くぐらいなら人をほめろ
⑥溜息つきたくなったら歌っとけ
⑦節約するなら家でしろ、ケチは好かれん
⑧迷ったら筋トレしとけ
人生楽しくなる。

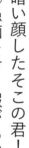

持っているものを確認すると心が安定する

何が足りないか？　ではなく何を持っているか？　と1日の終わりに自問自答しろ。家族、友人、健康、感謝すべき対象はいくらでも出てくるはずだ。１日の終わりにそれらに感謝をして眠りにつく事を習慣とする。綺麗事が言いたい訳じゃない。シンプルに気持ちが安らぐ。騙されたと思って試してみてくれ。

有酸素運動で
時間感覚を取り戻す

「年齢を重ねるたびに時の流れが早く感じるな……」と感じている人には有酸素運動マシーン30分（音楽聴くの禁止）をお勧めしたい。変わらぬ景色！　ひたすらに足を動かす繰り返し！　上がらぬ消費カロリー！　削られる精神と体力！　**30分がまるで永遠のように感じられて時間感覚が戻ります。**いざ、有酸素！

筋トレ＝セックスと言っても過言ではない

「孤独と上手に付き合う方法、男ならセックスより楽しいものを見つけること」との事ですが、**筋トレが答え**です。筋トレは1人で行うのが至高なので「孤独」という言葉が辞書から消えます。**鍛えたい部位に血流を流し込み筋肉をパンプアップさせる**のですが、筋トレ＝セックスと言っても過言ではありません。安心してくれ。俺も自分が何を言ってるのかよくわかってねえ。

【パンプアップ】筋トレなどで鍛えた部位に水分や血液が一気に流れ込み、腫れ上がったような状態になること。コンテスト直前のボディビルダーは体を大きく見せるため、わざと各部位をパンプアップさせる。

自己啓発セミナーがリフォームなら筋トレは建て替え新築

自己啓発セミナー行ってる場合じゃないですよ。思考や態度はそう簡単に変えられない。筋トレして身体を変えてみよう。器が変われば自然と中身も変わってくる。自己啓発系のセミナーが安い内装リフォームだとしたら筋トレは建て替え新築だ。「**筋トレで人生が変わる**」は**大げさでもなんでもない。真実だ。**

自分のことは自分で決めて辻褄を合わせろ

人生の大切な選択を他人に委ねるなよ。たとえ親でもだ。参考にするのはいいが絶対に最後は自分で納得して生きたいように生きろ。自分で決めたらどう転んだって言い訳できないだろ？　退路を断ってのは荒々しいが成長するには最高の方法だ。大口叩いて自分の事は自分で決めて退路を断て。**で、辻褄合わせろ。**

周りと差をつける行為に喜びを見つけよう

そこの学生！　周囲を圧倒する特異な存在であれ。周りの人間がバカ騒ぎしてる間に黙々と勉強しろ。**バーで酒飲んでる間にバーベル持ち上げてプロテイン飲んで頑丈な身体を作れ。**恋愛でフラフラしてる間に留学でも行って世界を見てこい。周りと差をつける行為に喜びを見出せ。**せっかくだから突き抜けろ。**

決断の時に迷わないコツ

決断の時に迷わないコツを教えよう。人生で一番優先したいモノを決めろ。

例えばそう……筋肉。

飲み会→寝たい断る
合コン→外食NG断る
何食べよう→タンパク質
旅行→筋トレしたい断る
就職→筋トレ時間を確保できる方を選択
住まい→駅近よりジム近

シンプルだろ？　決断時間平均1秒。

死ぬ気でやるな。殺す気でやれ

死ぬ気でやるな。殺す気でやれ。「嫌われたらどうしよう……」ではなく「自分を嫌う奴はセンス悪いからどうでもいい」というマインドを持て。「裏切られるのが怖い……」ではなく「裏切ったら潰すぞ」というマインドを持て。**人生は常に強気で行かねばならない。**弱気など必要ない。強気だ。強気で行くのだ。

酒と筋トレ入れ替えよう

酒→月額3―5万円　ジム→月額1万円

1年で48万円の差

酒→摂取カロリー800　ジム→消費カロリー800

1カ月で約2万kcalの差

体脂肪1kg減には約7000kcal必要なので
体脂肪約3kg分。

もちろん友達は減りますが心配しないで！　バーベルは裏切らない。

物事は3つ同時に始めると長続きする

何をやっても続かないという方にお勧めの方法があります。何かを始める時は3つ同時に開始して下さい。

①新鮮で飽きない
②どれかが上達中なので停滞期も耐えられる
③上達中の事に時間を集中配分出来る
④向き不向きの特定ができる

という理由から**一点集中よりも長く続き身になります。**

筋トレすらしたくない時、意志力が試される

筋トレ筋トレ言ってる俺でもごく稀に「筋トレすらしたくねー」って気分の時がある。そんな時は意志力のトレーニングととらえる。自分の意志で気分に逆らいジムに行き身体を動かして気分を叩き伏せる。**俺の行動を支配するボスは俺の意志と身体だと「気分」に教えてやる。**意志力のトレーニング、大切。

この世に絶対はある

この世に絶対はないと言いますが「今日は疲れたからジム行きたくないなぁ……」って思ってからの自分に喝を入れて無理やり筋トレ行った後に**「来て良かった！　人生最高!!　筋トレ最高!!(≧∇≦)」ってなる確率は120%**です。本当です。

自分の小さな成長を見逃さない

報われない努力なんてない。考えが甘い。**努力に対するリターンをデカく見積もり過ぎるから泣き言言う羽目になる。**劇的な成長じゃなくても他人の目には分からない程度の変化でもいい。その小さな成長を自分で見逃さず喜びを噛み締め努力を継続し「習慣」と呼べるまでにした時に初めてデカいリターンがある。

不平を言うヒマがあったら勝ち方を考えよう

世の中が平等じゃない事なんて分かりきった事だ。社会や生まれた環境のせいにして文句垂れるか不平等な事を飲み込んだ上でどう勝ち上がるか考えるかは君次第だ。**悲しいかなこの世に生を享けた時点で強制的に全額betさせられてる状態**だ。配られたカードに文句言っても仕方ないんだから勝ち方考えろ。

運動嫌いの人こそ筋トレを試してみるべき

筋トレ、聞こえはハードですが運動嫌い、運動不足の方にこそ試してほしい。心肺機能を酷使しない、運動神経を必要としない、強度を細かく選べるという三点の理由から他のどの運動よりも始めやすい。**心肺機能よりも筋肉痛を快感と感じる心、運動神経よりも忍耐力、運動強度よりもプロテインが大切です。**

金で切れる人間関係は時間のムダ

「金の貸し借りは人間関係を壊すのでやめとけ」とはよく言ったものだが、たかが金で切れる交友関係なんてさっさと切れた方が時間の節約になっていい。**金で壊れる人間関係に時間費やすぐらいならバーベルやダンベルと戯れて筋繊維を壊していた方が有益**だ。バーベルやダンベルは滅多に壊れないし、素敵。

筋トレで限界を突破する経験を積む

筋トレ→筋繊維破壊→同じ負荷では壊れないよう筋繊維太くなり復活→さらに強い負荷でぶち切る→∞のループで筋肉大きくするんだけど、**ジム行くたびに限界突破していく訳ですよ。**「自分の限界を知れ」なんて言ってくる大人の多い現代社会において**こんなにも限界突破の経験くれるのジムだけじゃないですか？**

継続すればブレイクスルーは必ずやってくる

ダイエット、語学、仕事すべてに通ずる話ですが、努力の成果がまったく感じられない停滞期が存在します。停滞期を打破する事をブレイクスルーと言います。ほとんどの方は停滞期中に自分には才能がないと思い込んでしまい可能性を自分で殺してしまいます。**ブレイクスルーは必ずやってきます。継続してみてください。**

人生も筋トレもつらい時にこそ成長が潜んでいる

スポーツの試合では自分がつらい時は対戦相手もつらい時だ。ここで加速できる奴が勝つ。**筋トレではもう無理だと思ってから2―3回を死に物狂いで挙げ切るから筋肉が成長する。**人生も同じだ。つらい状況にこそ成長が潜んでいる。そう考えると、つらい状況すら楽しめる。簡単に諦めるな、つらい時こそ加速しよう。

誘惑や迷いを断つ工夫をする

失態を本能や意志力の弱さのせいにするな。本能や意志力の弱さは工夫で潰せる。女に弱くて浮気性ならそういう場には一切顔を出すな。甘い物に弱いなら自宅に一切置くな。仕事終わりで疲れて筋トレ休み気味なら迷ってる暇なんてない早朝に筋トレしろ。**誘惑や迷いを断つ努力と工夫を重ねろ。**甘ったれるな。

自信満々に見える人はみな陰で努力してる

「どうやったら自信つきますか?」とか言う人は自信がその辺に転がってると思ってるのかね?**「他の誰よりも努力した」という自負と「ここまで努力してダメなら仕方ない」という潔さが重なって揺るがぬ自信となる。**自信満々に見える人達は怖くて仕方がないからこそ裏で人一倍努力してる。それか筋トレ。

筋肉の鎧で不安を断ち切れ

人は無防備に裸で産まれてくる。不安を拭うかのように学歴、肩書、収入、贅沢品で身を固め武装するがそんな物はメッキに過ぎん。**本当の安心を得たければ筋肉を鍛えるのだ。**筋肉の鎧を纏うのだ！　不安を断ち切るには筋肉しかない！　立ち上がれ！**（スクワット）**武器**（バーベル）**を持て！　鎧（筋肉）を纏え！

ネガティブな感情も筋トレで消し去れる

妬み、僻み、噂話、陰口、不平不満は自分を滅ぼす。まず周りの人間に嫌われる。次に身の回りの人間が負のオーラを持った人間ばかりになる。最後に愚痴ばかりの自分に嫌気が差し自分を嫌いになる。**悪い事言わないからネガティブな感情が湧いてきたら筋トレしなさい。**汗と一緒に負のオーラ消えるから。

筋肉が解決する困りごと一覧

・スーツが似合わない・酔っ払いに絡まれた・後輩に舐められる・頼りなさそうでモテない・上司の説教の的にされる・DQNにイチャモンつけられた・五月病・夏バテ・夏にレゲエのライブで今一歩乗り切れない

これらすべてを一挙に力技で解決する唯一無二のソリューション、それは筋肉。

筋肉こそ正義。

【DQN】ヤンキーや不良などを指すネットスラング。

価値のあるものは簡単には手に入らない

アドバイス求められるのは歓迎だし応援してあげたいけど、

「英語話せるようになりたい！（**単語は暗記したくない**）」

「痩せたい！（**食事制限や筋トレはしたくない**）」

「成功したい！（**留学とか大学院とか大それた事する気はない**）」

みたいなのが多過ぎる。**価値のあるものは簡単には手に入らんよ。**

郵便はがき

料金受取人払郵便

新宿北局承認

647

差出有効期間
2025年11月
30日まで

切手を貼らずにこのままポストへお入れください。

169-8732

（受取人）
東京都新宿北郵便局
郵便私書箱第2005号
（東京都渋谷区代々木1－11－1）

U-CAN 学び出版部

愛読者係　行

愛読者カード

筋トレが最強のソリューションである
マッチョ社長が教える究極の悩み解決法 バルクアップ版

ご購読ありがとうございます。読者の皆さまのご意見、ご要望等を今後の企画・編集の参考にしたいと考えております。お手数ですが、下記の質問にお答えいただきますようお願いします。

1．本書を何でお知りになりましたか？
a. 書店で　b. インターネットで　c. 知人・友人から
d. 新聞広告（新聞名：　　　）e. 雑誌広告（雑誌名：　　　）
f. 書店内ポスターで　g. その他（　　　）

うら面へ続きます

2．本書を購入された理由は何ですか？（複数回答可）

①関心のあるテーマだから
②なんとなく読んでみたいと思ったから　③人にすすめられたから
④タイトルにひかれたから　⑤著者に関心を持ったから
⑥その他（　　　　　　　　　　）

3．本書の内容について

①内容のわかりやすさ　(a. 良い　b. ふつう　c. 悪い)
②内容の役立ち度　(a. 高い　b. ふつう　c. 低い)
③誌面の見やすさ　(a. 良い　b. ふつう　c. 悪い)
④装丁のデザイン　(a. 良い　b. ふつう　c. 悪い)
⑤価格　(a. 安い　b. ふつう　c. 高い)
⑥本書の内容で良かったこと、悪かったことをお書きください。
（　　　　　　　　　　）

4．書籍は、どこで買うことが多いですか？（複数回答可）

①書店　(a．勤務先周辺　b．駅前　c．自宅周辺)
②ネット書店　③古本屋など　④電子書籍販売サイト
⑤最近読んだ書籍で特に印象が残ったものがあれば、お聞かせください。
（　　　　　　　　　　）
⑥今後、ユーキャンで出版してほしい書籍のテーマがあれば、お聞かせください。
（　　　　　　　　　　）

※下記、ご記入をお願いします。

ご職業	1．学生（中・高・大・院・その他） 2．会社員　3．公務員　4．自営業　5．主婦 6．その他（　　　　　）		
性　別	男・女	年　齢	歳

ご協力ありがとうございました。

筋トレで「大好きな自分」を取り戻す

「自分なんて大嫌い」って思ってるそこの君！　「**頑張ってる自分**」は好きだろ？　「**目標を達成した自分**」も大好きだよな？　この2つの自分に出会わせてくれるのが筋トレだ。その上終了時には身体はシェイプアップされパワーは増し体調も良くなり自己愛が復活する。**筋トレは自己愛の奪還においてベストな選択。**

筋トレでの成功体験が幸せを運んでくる

「なにをやってもうまくいかない。自信なくしてもうダメ……」って時が人生にはある。**そんな時に復活のキッカケになるのは成功体験。そこで筋トレです。**筋トレと食事制限と睡眠は絶対に努力を裏切らないので肉体改造に成功してください。するとあら不思議、仕事もプライベートも好転して幸せになれます。

言い訳のきかない筋トレで自分を試そう

筋トレは絶対に裏切らない。完璧な食事プラン、十分な休養、ハードなトレーニングを継続すれば確実にゴールに近付く。仕事や恋愛と違いタイミングや運は関係ない。**筋トレで結果を出せない人は自分に甘く自分自身を裏切っている。**言い訳のきかない筋トレで自分の根性試さない？　**成功したら自分に惚れるよ。**

筋トレは意志力の鍛錬でもある

仕事が忙しい。睡眠不足。ジムをサボる理由はいくらでもでてくる。そんな時は思い出せ。**筋トレは筋肉を鍛えるだけの行為じゃない。嫌な事から逃げ出さない精神を鍛える行為だ。**「ジム行きたくない」と思ったらチャンス。気分を意志力でねじ伏せ筋トレしろ。司令塔は意志力と筋肉だという事を教えてやれ。

感謝の気持ちが集中と満足を呼ぶ

怪我も病気もなくジムで筋トレできる時は感謝しかない。「ダルい／疲れたから今日はジム行かない」とか言ってる場合じゃねえ。**筋トレできる事に対する感謝が足りん。**感謝があるとないとでは集中度も満足度もまるで違う。感謝があれば自然と丁寧かつ熱心に取り組むようになる。**筋トレに限らず「感謝」大事。**

うまくいかない原因は すべて自分にある

人生がうまくいかない原因はすべて自分にあると思っとけ。実際は環境のせいかもしれないが、変えられない部分をみて悲しんでたって人生は良くならない。**責任は自分にあると仮定して考えよう。**変えられない部分はほっといて変えられる部分を変えていこう。そうやって生きてれば人生は必ず好転するから。

限界の少し上を日々突破していく

挑戦なしに人間は成長しない。日々挑戦して自分の限界を探れ。自分の限界の大幅に上だと潰れる、少し下だと成長はない。**自分の限界のほんの少し上を日々突破する。これが安定した成長への鍵だ。**厚い胸板がほしいからといっていきなりベンチプレス200kgやればいい訳じゃない。人生も筋トレと同じ。

「やらなかった後悔」は強烈だ。やれ！

やりたい事やれ！　会いたい人に会え！　行きたい場所に行け！　感謝を伝えたい人がいるなら感謝を伝えろ！　気になる人がいるなら食事に誘え！　挑戦したい事があるなら今すぐ挑戦しろ！　行動に移すのには勇気がいるし痛い目もみるかもしれないけど、**やらなかった後悔の方がやる後悔の100倍は強烈だぞ！** やれ！

やる気を出すための たった一つの方法

やる気を出す唯一の方法は「無理やりにでもやり始める事」だ。やる気が湧いてくるのをぼーっと待っててもやる気は湧いてこない。これは心理学的にも脳科学的にも証明されてる。**ゴチャゴチャ言ってないでまずやれ。やってりゃその気になってくる。**やる気に行動を支配されるな。行動でやる気を支配しろ。

Testosterone
コラム
❸

世界一を目指すファイターから学んだこと

アメリカでの大学生活の後半は総合格闘技に打ち込んだ。諸事情により名前は明かせないが、僕は当時のUFCミドル級戦線のど真ん中にいた選手（日本でもおなじみのヴァンダレイ・シウバ選手とも名勝負を繰り広げた一流ファイターだ）のチームに所属し、日々のトレーニングや生活を共にしていた。ジムには他にもUFCファイターや他団体の有名選手がいたのだが、僕が試合に出始めたころ、仕事の都合や他ジムへの移籍などでちょうど有力選手がいなくなってしまった。

ジムに生徒を集めるには、地元の大会で所属選手が活躍する事が一番だ。アマチュアとはいえ、彼のジムの看板を背負う形になってしまった僕は、とてつもなくハードなトレーニングを課され、ファイターとしての心構えを徹底的に叩き込まれた。やや棚ぼた気味ではあるが、世界レベルのトップアスリートと濃密な師弟関係を結ぶことができたのだ。

格闘家は強くなることが仕事。彼らの練習量と食事も含めたストイックな生活態度は半端じゃない。標準的な1日のスケジュールを紹介しよう。

8：00　起床、食事①
9：00　柔術2時間
11：00　プロテイン＋糖質摂取
11：30　食事②
13：30　キックボクシング・ムエタイ／レスリング2時間
15：30　プロテイン＋糖質摂取
16：00　食事③
18：00　MMA（総合格闘技）1時間
19：00　筋トレ1時間
20：00　プロテイン＋糖質摂取

20:30 食事④

基本的に1日の練習は3部構成で、平均にして合計6時間ほどの練習をこなす。正しい栄養学の知識がなければ、身体は一発で機能しなくなる。総合格闘技は、現在アメリカで最も人気のスポーツの一つであると言っても過言ではなく、競争は激烈だ。少しでもサボると、試合でその結果は如実に表れる。彼らは常に新しい技術、さらなるフィジカル、ブレないメンタルを求めて生活している（例えば、気鋭のコーチを雇うであるとか、瞑想を取り入れるであるとか）。

僕は、世界一を目指す男の壮絶な努力を目の当たりにし、世界レベルで競争することの意味を若いうちに体感することができた。減量の時なんて、修行僧みたいなもんだ。落とすのは2カ月でだいたい体重の15％ほど。ミドル級リミットの約84kgで試合をする場合、本格的なトレーニングが始まる前の3カ月前が105kgほど。これを試合前日までに92～93kgに持っていき、最後に8～9kgの水抜きを行う。本当に苦行だ。

もちろん練習量は保ったまま摂取カロリーを減らしていく。試合が近づくにつれ、実践練習（スパーリング）も増えるが、練習を行うための最低限のカロリーしか摂取していないため、練習時以外は常に元気がない。

ジムには教訓が書かれた大きな張り紙があった。

「Luck is when preparation meets opportunity」

（ラッキーとは、たゆまぬ努力が機会に巡り合ったときのみに出会える産物である）

運は巡ってくるものではなく、自分でつかみ取るもの——。彼らはそう理解し、日々自分を追い込んでいるのだ。

また、世界一を争う選手は受けるコーチングも世界レベルだ。僕が最も刺激を受けたのは、当時世界最高峰の一人とされていたとあるコーチの指導法である。もちろん技術面の指導も最新のものですごいのだが、生徒のモチベーションを上げるスキルには感動すら覚えた。

例えば、彼は、練習前に生徒たちに今日の練習で何を達成したいのかを明確に言わせる。

「新しいテクニックを身につけたい」

「スパーリングには誰よりも多く参加したい」

「昨日見つけたジャブを受ける時に目をつぶってしまう悪い癖を直したい」

とにかく、口に出して言わせる。それを練習後に一人ひとり、できたか？と聞いて回る。できたと言えばほめられる。できなかったというとその場に座り込んで次どうしたらできるか一緒に考えてくれる。なんと素晴らしいマネジメントスキルだろう。そして彼は言う。

「こうやって練習のたびに課題を持って臨み、潰していけばそのうち問題はなくなる。そうなった時お前は世界チャンプだな！」

世界的なコーチにこんなことを言われたら、選手は燃えないはずがないのである。僕は学生の時、ジムで何個かクラスを担当したり、パーソナルトレーニング業を行ったりもしていたのだが、その時に学んだコーチングスキルは、会社の管理職になった今でも本当に役立っていると感じる。

合コンにマッチョがいると—
わーっ!!
Hi! そこのマッチョ好きのガール
今日はマッチョを落とす㊙テクを伝授するぜ!
MR. TESTOSTERONE
ミスターテストステロン
#3 マッチョを落とすなら「○○」を攻めろ!!
ササミ
画:福島モンタ
そんな中—
おー
これはなかなか…
!?
フツウの女子ならたいてい—
ピクピクしてる〜
HAHAHA
割れてる〜
超回復
腕や胸や腹あたりを触るが
とりあえずお決まりの「お触りタイム」の流れに
ムキムキー!!
AHAHA
超回復
すっごーい
こいつ分かってやがる—
2秒で落ちます。
回復
うんうんハムストリングも文句なし!
おためしあれ!
脚!!
需要が低い上に発達させるには地獄のようなトレーニングが必要な
脚!!
……
まさかの脚!!
うん大きい大きい
腕でも胸でも腹でもなく
MOMI MOMI
TO BE CONTINUED

第4章

どうしても仕事で成功したいあなたへ

「学生時代が一番楽しい」はウソ！人生はどんどん楽しくなる

「社会は甘くないぞ」「学生時代が一番楽しいぞ」とか言って社会の厳しさを君に植え付けようとしてくる奴いるだろ？　全部無視でいいよ。これから社会に出る希望に満ちあふれた若者のやる気を削ぐ様な事言う連中にロクなのいねーから。**学生時代よりやれる事増えるし世界も広がって超楽しいから大丈夫だよ。**

努力が習慣になった時、飛躍が見えてくる

ある分野でトップレベルの人に「こんなに努力されて凄いですね」と言うと大抵「努力しているつもりはないですよ」と返ってくる。謙遜ではない。努力しているという意識がないのだ。**努力は昇華すると習慣になる。習慣になって初めて真価を発揮する。**自分は頑張っていると思ってるうちはまだまだ甘い証拠。

やりたくないことに嫌々取り組んでも成功はない

「好きな事を仕事にできる程甘い世の中じゃない」と言われても諦めるな。好きな事は努力を努力と感じず楽しめる。努力を努力と感じない感覚は成功したければ必要不可欠。逆に「**好きでもない事を嫌々やって成功をつかめると思うな**」の方がしっくりくる。熱意を持って打ち込める事に出会ったら簡単に離すな。

ビジネスマンもテストステロン値を高めればなんとかなる

テストステロンは20〜30代をピークに下降していく。値が高いと自信、闘争心、野心に満ちあふれる。値が低いと自尊心が薄れる、やる気が出ない、性欲低下、体脂肪率の増加などの症状が現れる。値を高めるには筋トレが超効果的であり、**故に筋トレはビジネスマンにとって必須である。**筋トレしとけばすべてうまくいく。

マルチな分野で80点を取ったヤツが勝つ

100点ではなく80点を目指す事。**0→80点にするのと80→90点にするのには同程度の労力がかかる。**90点から先は才能。80→90点にするために時間を費やしても90－100点の天才には敵わん。**様々な分野で80点を目指す方がはるかに利口だ。**才能なくても戦略練って時間を有効に使えば勝てる。

筋トレで生まれる謎の〜感

①上司・取引先をその気になれば絞め落とせると思うと得られる余裕感

②友達いなくてもダンベルいるしという一匹狼上等感

③ジムさえ行ければＱＯＬは保てるいつでもクビにしやがれという捨て身感

④恋人に振られた夜も筋肉は成長してると思うと得られる安心感

ベンチ180kgは TOEIC満点よりも価値がある

肌感覚だけど、ベンチプレス180kg、スクワット200kg、デッドリフト220kgはTOEIC満点よりも価値があるよ。**グローバルに働きたいなら黙って筋トレ。**アメリカの企業役員、筋トレ大好きなおっさんばかりなんだけど筋トレ好き同士で話し出すと誰もついてこれない。**筋トレは一つの言語。**

【デッドリフト】足を肩幅と腰幅の中間ぐらいに開き、床に置いたバーベルをグリップ。腰を前方につき出すようなイメージで、上体と床が垂直になるまで持ち上げる。主に背中やでん部を強化する。

筋トレオタクはジム以外でも必ず成功できる

筋トレオタクには栄養学や筋トレの知識、それらを踏まえ緻密なプランを作成する計画力、忙しい中でもプランを遂行する実行力、誘惑に惑わされない意志力が備わっている。ストレス耐性もあり健康で力も強く頭も良く勤勉。できるビジネスパーソンの資質をすべて兼ね備えている。**筋肉以外にも少し目を向けろ。絶対に成功する。**

就活でマッチョが有利に働かないのはおかしい

マッチョである事は
①筋トレで身に付けた根性　②一つの事を続ける継続力　③食欲をコントロールする自制心　④健康管理能力　⑤タイムマネジメント能力　⑥高テストステロン（支配欲、積極性）　⑦**筋トレを理由に残業を断る可能性（大）**を証明する。**雇え！**

筋トレでHPもMPもどんどん増える

HPもMPも同時に完全回復するには筋トレしかない。睡眠x栄養x筋トレのサイクルで回復どころかレベルアップしてHPとMPの最大値はアップする。**大統領が死ぬほど忙しくても筋トレする理由、運動とは無縁そうなビル・ゲイツが朝のジョギングを欠かさない理由はこの事実を知っているからだ。**お試しあれ。

日本には定期健診より定期筋トレが必要である

筋トレはマッチョになりたい人やアスリートのためだけの行為ではない。各分野のエリートは仕事で成功して環境が変わっても身体は一つしかない事を知ってる。筋トレは身体の最高のメンテナンスだ。思う存分働く体力、遊ぶ体力、老後を楽しむ体力を養う。**日本に必要なのは定期健診ではなく定期筋トレ**である。

身体のサイズほど男社会でモノを言うものはない

アメリカ人男性が皆モテるために筋トレしているかと言うとそうではなく、「男社会で舐められないため」ってのが一番の理由だろう。**身体のサイズほどシンプルで主張要らずの「舐めんなぶっ飛ばすぞ」サインはあるまい。**エリートや社長は必ずと言っていいほど筋トレしてる。理屈じゃなくて本能なんだよ。

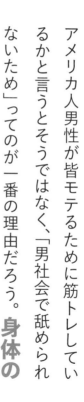

苦手な人対策に有効な3つの意識

怖い上司や取引先、苦手な人がいるならこの3つ意識してみて。

①人間の体の8割は水とタンパク質。そうつまり相手は実質しゃべるプロテイン

②どんな人間もしょせんは70kg前後。そうつまり相手は実質70kgのバーベル。軽い

③筋トレして強くなれ。**最悪戦ったら勝てる**と思えば全能感があふれ出し心に余裕ができる

筋トレすると出費が減り、昇給も近付く

筋トレにハマると人付き合いが悪くなり、酒タバコの量も減り、栄養にもこだわりだし、外食も減るため節約につながり、**ジム代等を考慮しても出費は減ります。しかもテストステロンが分泌されればされるほどあなたの昇給も近付きます。**一人でも大丈夫なので休日に暇を持て余す事もありません。日本は筋トレを必要としている。

人の長所をほめまくれば自分の評価も上がる

陰口をいくら叩いた所で下がっていくのはそいつの評価じゃなくて君の評価だ。人の粗探して自分の評価下げてる暇あったら人の良い所探して陰でほめまくれ。周りに味方がどんどん増えて自分の評価も勝手に上がって行くから。**陰口に代わるストレスのはけ口として筋トレという革新的ソリューションがあります。**

能力は掛け算！　英語80点×中国語80点の人材になろう

一つの物事を極める必要なんてまったくない。80点で十分。能力は掛け算方式で価値を増す。**英語を100点にするよりも英語80点×中国語80点の人材の方が強い。**80点より先は自己満足の世界だ。時間は有限だ。無駄にするな……**120点目指してジムに通い続けて10年になりますよろしくお願いします。**

他人を過大評価、自分を過小評価してたら人生つまらない

君が憧れている人や敵わないと思ってる人、実際は君とそう大差ないよ。君も本気出せばなんだって実現できる。

問題は自分の可能性を心から信じる事ができるか否か。他人を過大評価、自分を過小評価して縮こまってたら人生はつまらん。「あいつにできて俺／私にできないはずがねえ」ぐらいの態度で生きろ。

陰口に怒ったり動揺するのも時間のムダ

陰口なんて気にするな。直接言ってこないって事は嫉妬かビビってるクズ野郎だ。そんな人間のために感情を乱したり時間を使うのは馬鹿げてる。無視でいい。**挑発にのって怒ったら負けだ。君の感情と行動はそいつにコントロールされてる。**自分のボスは自分である事を自覚しろ。くだらん人間に感情を操らせるな。

子どもにやらせるなら ラグビー、アメフト

子どもにスポーツさせるならラグビー、アメフトがお勧め。**チームプレイ、筋トレ、上下関係が効率良く学べ根性もつくし爽やかな印象と説得力のあるガタイも手に入る。**メジャースポーツに比べ競技人口が少ないためスポーツ推薦での大学入学も狙える上に社会に出た後のOB同士の結束は固く人脈作りにもなる。

目の前の教科書を活用し、効率の良い努力をせよ

営業で成績伸ばしたいならトップセールスの真似をする。筋トレやダイエットをするならパーソナルを雇う。**教科書が目の前にあったり先生がいるのに試行錯誤するなんて時間の無駄だ。**技と知識を盗んでオリジナリティは後で考えればいい。人生は無駄な努力をいかに減らして効率の良い努力をするかの勝負。

【パーソナルトレーナー】トレーニング指導の専門家。クライアントとマンツーマンでトレーニングを行ったり、プログラム作成をサポートしてくれたりする。

筋トレは生活に規律を創造する

筋トレをライフワークとする意義は①毎3時間の栄養補給　②週4回のトレーニング時間の確保　③超回復に必要な睡眠時間の確保等、タイムマネジメント能力が不可欠なため、生活や仕事に組み込むことによりメリハリがつくこと。**成功者が筋トレをする理由はテストステロンだけではない。**筋トレは生活の中に規律を創造する。

大物は早朝に筋トレしている

海外でカンファレンスがありホテルに滞在していたんですけど、ホテルのジムには午前6時オープンと同時に名だたる大企業の役員たちがなだれ込み有酸素ではなく筋トレをしていました。**特に目立ったのが女性役員。6時―7時でスパッと筋トレして皆さん仕事に行きます。**やはり大物は早朝筋トレ。

テストステロン値を高めて自分を支配しよう

支配欲と結びつけられるテストステロンだが、**この支配欲、他人ではなく自分自身に向く事で真価を発揮する。**経営者はテスト値が高いとされるが、その要因は恐らく「自分を支配したい」という欲求にこたえ続けた結果である。敵は己の中にありとはうまく言ったもので、**自分を律する事の出来る人が最強である。**

筋トレ知識は最強の営業ツールになる

若者がアプローチするべき社長・役員クラスの人たち、収入にも余裕が出てきた40—60歳の人たちが何を欲しがるか分かるかい？　健康と遊ぶ体力だ。筋トレオタクはメタボ解消させる事や筋肉肥大させて体力をつける事に関してはプロフェッショナルだ。**筋トレオタクであることは最強の営業ツールになり得る。**

鍛えろ。

ジムでの名刺は肉体。良い名刺と人柄で何でも手に入る

ジムで構築する人脈は最高だ。社長、役員、エリート、アスリート、芸能人、医者、弁護士等々ジムでは年齢も肩書きも関係ないフラットな状態で関係を構築できる。名刺は肉体である。良い名刺と人柄があれば職、案件、人脈、人材、メンター等何でも手に入る。**正に現代版ワンピースである。若者よ、鍛えろ。**

金は誰かからの感謝。稼ぐことは悪ではない

「年収よりも社会貢献がしたい！」って志は立派だと思うけど、そんな事言ってないでまずは年収をひたすらに追うといい。**社会は貢献してくれた人にしか莫大な報酬を払わない**から、社会貢献がどうとか心配しないでまずはとことん稼ごう。別に金を稼ぐ事は悪い事でも汚い事でもない。金は誰かからの感謝。

筋トレは英語と同じぐらい優れた言語

アメリカ相手にビジネスしたいと考えているそこの君、英語と筋トレ同時進行でやりなさい。**米企業のキーマン大抵筋トレしてるし、いつも世界中を飛び回ってるから接待ジムしてあげると心つかめるから。**筋トレは英語と同じぐらい優れた言語だよ。トレーニング後のプロテインを渡すまでが接待だから忘れんなよ！

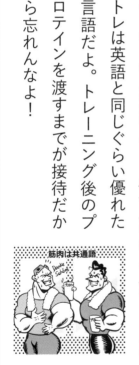

理想の自分だけを生き残らせる

本能を理性で叩き潰せる人間になれ。

人生は他人との競争じゃない。敵は常に己の中だ。理想を高く持ち続けろ。くじけそうな自分や怠けそうな自分、卑怯な自分が現れるたびに理性で叩き潰せ。**「理想の自分」が最後の生き残りになるまでひたすらいろんな自分を叩き潰せ。**本能を理性で叩き潰す事に快感を覚えろ。

勘違いでもいいから
自信と情熱を持つ

「自分が一番」「自分の価値を理解できない世間がおかしい」という傲慢な態度は表に出してはいけないが内には秘めておくべきだ。他人の批判にいちいち落ち込まない自信を持て。才能がないと言われてその道を諦める程度の情熱では成功はない。**最初は勘違いでもいい。自信と情熱を持て。そのうち本物になる。**

愚痴や悪口が毒抜きになると思ったら大間違い

陰口、悪口、愚痴を吐き出せば毒抜きの要領でスッキリすると思ったら間違いだ。**物事のネガティブな面に執着する癖がつき思考は徐々に毒されていく。**周囲の人間はどんどん離れていき口を開けば文句しか出ない自分に嫌気が差してまた毒を吐く。最悪のサイクルだ。自分のためにも陰口、悪口、愚痴は吐くな。

自分の話に説得力を持たせたかったら筋トレしかない

「誰も自分の話を真剣に聞いてくれない」と嘆いてるそこの君！ **きっと君に足りないのは努力でも功績でも話術でも爽やかなルックスでもなく、筋肉だ。**筋肉には説得力と「**揉めたくないから話だけでも聞いとこ**」と思わせる効力がある。困った時は何も考えず筋トレすればなんとかなる。考えるな、筋トレしろ。

職業や収入よりずっと大切なもの

職業なんてなんでもいい。収入だって最低限あればいい。そんな事よりも、人の痛みがわかり、皆の幸せを心から願う事ができ、困ってる人に迷わず手を差し伸べられ、誠実で、感謝を忘れず、いつもご機嫌でそこにいるだけで周りの人を安心させられる。笑顔にできる。**そういう事が大切。そういう人が最高。**

自己暗示をかけて限界を超えよう

人生はメンタルゲームだ。心が実現可能とみなせばどんな事でも実現可能だ。常識が君の心に歯止めをかける。心が限界を感じれば成長はそこまでだ。**心が限界を感じなければ成長は一生止まらん。**常識に惑わされるな。**自己暗示をかけてリミッターを外せ。**「常識で俺を測るんじゃねえ」という態度で生きろ。

好きな事で生きていくために必要な事

「好きな事で生きてく」＝「やりたくない事は一切やらなくていい」ではないからね。世の中そこまで甘くない。好きな事をやるためにはやるべき事がある。やるべき事が好きじゃないからってやめてたら何もできない。好きな事したければ嫌な事も頑張れ。**好きでもない事のために嫌な事するよりは良いでしょう？**

超大切なお知らせ

勤務時間外に仕事の悩みや職場であった嫌な事を考えても**給与は1円も発生しません。**自宅で仕事したり職場の事で悩むとかめちゃ損です。仕事や職場の心配は勤務時間中に給料もらいながらした方が断然お得。明日の事は明日悩めばいいので今夜はうまいもん食べてさっさと寝ましょう。

Testosterone
コラム
❹

ジムの選び方、使い方、続け方

自分に合ったジムを選ぶことは、筋トレを私生活に取り入れる際に最も重要な選択肢の一つだ。この章では、ジム選びの際に最も注意すべき点を5つのポイントで紹介しよう。

❶ロケーション、ロケーション、とにかくロケーション

自宅または職場から近いジムと契約しよう。モチベーションが低い時も強引にジムに行き、筋トレしたら不思議とやる気が出てきたなんて事も多々あるが、ジムが遠いとこうはいかない。仕事終わりに筋トレするのか、自宅の近くで筋トレする事が多いのかを考慮した上で、一番アクセスの良いジムを選ぶ。これ、一番重要！

❷営業時間

次は自分の筋トレ時間と照らし合わせ、営業時間が希望に沿うか否かを必ず確認すること。仕事終わりだと急がないと営業時間ギリギリであるとか、早朝トレがしたいのに始業時間が遅いとかいった問題は必ずジムライフの妨げになる。

❸費用

住んでいるエリアにもよるが、月会費8000～10000円で高級ジム、6000～8000円で中堅ジム、最近ではchocozapをはじめとした3000円前後のより低価格帯のジム、また、公営のジムなら1回数百円の都度利用で使えるところもある。最初は良いジムに行く必要はないと思うかもしれないが初めこそ高級ジムに通うべきである。一流のトレーナーが集まっていて、初心者でも効果的に筋トレできるマシーンがそろっているからだ。ある程度筋肉がついてきて、筋トレのコツがわかって来たら、公営ジムに切り替えればよい。目安は3～6カ月。

ただし、筋トレにハマると高級ジムでないと我慢できなくなる可能性も大だ。

❹ジムの雰囲気、メンバー、清潔さ

入会する前に、ジムの雰囲気やメンバー、清潔感も確認しておこう。良いジムはメンバー同士の仲が良く、掃除も行き届いていることが多い。必ずしも人間関係を作らなければならないというわけではないが、親切にトレーニングを教えてくれる人や栄養面でアドバイスをくれる人もいるし、経営者や専門職の人も多いため、仕事や人生に関するヒントがもらえることもある。

※ほとんどのジムにビジター体験という制度があるので活用しよう。

❺必ずパーソナルトレーナーをつける

初心者用のマシーンで筋トレ生活を終える気がないなら、初期だけでもパーソナルトレーナーをつけるべきだ。素晴らしいトレーナーを見つけ、効率の良いトレーニング論と食事論を習得することはダイレクトに結果につながり、モチベーション維持にも直結する。パーソナルトレーナーを選

ぶ際に気を付けるべき点は以下の2つ。スマートに簡潔に考えよう!

トレーナーの身体を見よ

資格だとか大会成績だとかの肩書よりも、まずトレーナーさんの身体を見よう。あなたの憧れの体型をしていればGOOD。あなたの理想よりも明らかにデカい……って人はGREATだ。デカい人に共通するのは、トレーニングと栄養学に関するとてつもない知識を持っているということ。あなたの理想とする体型ではないかもしれないが、あなたを憧れの体型に導くための知恵と的確な指導を期待する事ができる。

フィーリングは合うか?

身体を見極めたら、次はフィーリングを確かめよう。実際に話してみて、楽しいか? 友達のような関係を作れそうか? モチベーションを上げてくれそうか? この点は非常に重要だ。パーソナルトレーナーには、的確な指導のほかに生徒のモチベーションを上げる、筋トレ中の生徒の背中を押し、やる気を引き出すという役割がある。せっかくトレーニングするのだから、一人で行うよりも高いモチベーションを引き出してくれて、かつ会話も弾んで楽しく筋トレできるトレーナーさんがいい。

ジムに入会すると、勝手にトレーナーが割り当てられてしまう事があるが、必ず自分で選びたいと伝えよう。最初の1～2カ月でしっかり学び、半年ほど自分で試行錯誤しながらトレーニング（簡単な質問は無料でできるのでそれを利用しながら）。新たな目標ができたら再度1～2カ月雇ってまた試行錯誤、というのがパーソナルトレーナーとの上手な付き合い方だ。

MR. TESTOSTERONE
ミスターテストステロン
#4 マッチョはご機嫌ナナメ!?
ササミ
画：福島モンタ
今日は筋トレオタクの機嫌が悪いときに考えられる7つの原因を紹介するよ！
どうかこれを知っておいて下さい。おねがいします。たのみます。
1.カタボってる
GRRRR
2.ジムに行く時間が確保できない
3.怪我をした
4.海外から購入したサプリが届かない
SUPPLEME
5.ビッグ3のMAXが下がった
ベンチプレス
スクワット
デッドリフト
6.準備万端でジムに行ったら定休日
定休日
GYM
GYM
ZUCCO
7.トレ後のプロテインを玄関に忘れた
プロテイン
!?
どうだいほれぼれするほど単純な奴らだろ？
TO BE CONTINUED

第5章

異性との接し方が分からないあなたへ

女性はみな誰かの愛する娘さんと思って接する

「自分の娘にされてイヤな事はしない」ってのを基準に女性と接しろ。ブスとか言うな。悲しませるな。泣かすな。利用するな。遊び半分で付き合うな。浮気するな。暴力なんて論外だ。みんな誰かの愛する大切な娘さんなんだよ。男も同様。みんな誰かの愛する大切な息子さんだ。気安く傷付けたらダメですよ。

※誰かに愛されている人だけが大切にされる価値があると主張している訳でも、人間を所有物に例えている訳でもないのでよろしくお願いします。本来こんな論理は必要なく、地球上にいるすべての人が無条件で大切にされるべきだと思っています。

筋トレオタクと付き合うべき6つの理由

①浮気しない（**筋トレで忙しい上に夜は筋肉のために寝るので**）　②趣味があるため自立している　③ダイエットのプロであり指導も無料　④性格がサッパリしている　⑤**喧嘩しても筋肉ほめておけばOK**　⑥仲直りのプロテインとか訳分からない事もまかり通る

俺の統計で浮き彫りになった日本の重要課題

俺の統計によると**日本の8割の女の子が「お風呂出たらLINEする」と言ったまま1週間ぐらい風呂から出てこない**し、「起きたら連絡する」と言ってから1カ月以上寝てしまうし、「休みの日に連絡する」と言って数年間無休で働き続ける子も多い。**先進国として恥ずべき現状。**今のままだと日本の未来は暗いので政府はこの問題と本気で向き合ってほしい。

女性にモテるための4つの習慣

俺がアメリカにいた時「女性にモテたい」と言うとほぼ確実に返ってきたアドバイス4つ共有するね。

①靴を磨け
②シャツにアイロンかけろ
③床屋で髪型とヒゲを整えろ
④**筋トレしろ**

不思議なもので、見た目がシャキッとすると性格や言動もシャキッとしてくる。**外見が変われば中身も変わる。**

筋肉と恋人を裏切ってはいけない

「筋肉は裏切らない」と言うと「筋肉も裏切る！筋トレやめるといなくなる」と言う人がいるんですけど、**あなたは恋人のLINEを3カ月間既読無視し続けた結果恋人にフラれたとして、裏切り行為を働いたのは恋人だとおっしゃるのですか！**言わないでしょう！　筋肉を裏切ったのはあなたですよ！　**筋肉に謝って！**

男女はそれほど互いの需要を気にしていない

ダイエットしてる女の子に「もうちょっと肉付きいい方がモテるよ！」って言ってもゴリマッチョを目指す男に「キモい。細マッチョの方がモテるよ！」って言ってもどっちも聞く耳持たないのと一緒で、**思ってるほど男女は互いの需要を気にしてない**よな。自分の美意識の実現のためであって他の誰のためでもない。

土曜早朝に筋トレしてるヤツは本物

ジムで健全な筋トレオタクを捕まえたいそこの乙女！　お勧めの時間帯は土曜早朝です。**土曜早朝に筋トレしてる人は華金ですら飲まず就寝している証拠なので本物。**高確率で日曜の早朝も筋トレしますので土曜の午後はフリー。「休日に朝から運動するの気持ち良いですよね♡」と話しかけると恋のスタート。

筋トレオタクのトリセツ

・3時間に1回はエサを与える
・週4回はジムで自由にさせてあげる
・1週間に1度ほめる「大きくなったね♡」「絞れた?」等
・**2週間に1度けなす感じでほめる「ゴリラじゃん」**「デカすぎて嫌」等
・夜11時以降は連絡せず寝かせてあげる

以上をクリアすれば結婚できます。

筋トレオタクが浮気をしない9つの理由

①ジムには女性がいない　②早寝早起き　③苦行している　④硬派で義理堅いのが良いと思ってる　⑤短期、中期、長期的視点を有す　⑥**バーベル以外は傷付けない**　⑦ストレスはジムで発散　⑧テストステロン　⑨**筋肉は裏切らない事を知っている**

筋トレ男が婚期を逃す4つの理由

息子がなかなか結婚しないな〜と心配なら、財布にジムの会員カードが入っていないか確認しよう！　結婚適齢期の男が筋トレにハマると

①ジムがあれば寂しくない
②夜遊びが減る
③**仕事と筋トレ以外の時間がない**
④食事にうるさくなる

という理由で本当に婚期を逃します。**独身女性×犬と同じぐらい危険。**

アメリカでは お尻>>おっぱいの理由

アメリカでの男性人気は完全にお尻＞＞おっぱい。「なんとなくそそるから」とかそんなくだらない理由ではなく、**美しいお尻は努力の結晶だから。生まれ持ったが最後のおっぱいと違って、後天的な努力で美しくなるのがお尻。**努力次第で誰もがうらやむ栄光をつかみ取れる。美しいお尻はまさにアメリカンドリーム。

笑顔にしてくれる人を大切にする

あなたを笑顔にしてくれる人（推しも含む）を大切にしてね。その人はあなたの人生の宝物だよ。こればっかりはお金じゃ買えない。**この広い世界で巡り会って、同じ時代に生きてて、フィーリングまで合うとか奇跡です。**あなたもその人を超大切にして笑顔にしてあげてね。どんな時もその人を支えてあげてね。

筋トレするだけで男女とも最も美しい姿になれる

男が筋トレすればテストステロンが分泌されたくましくカッコ良い身体になり、女性が筋トレすればホルモンバランスの関係でクビレやヒップが強調され女性らしい魅力的な身体になる。**同じ行為にも関わらず性別によって各々の一番美しい姿に導いてくれる筋トレ、神様から人間への最高のプレゼントである。**

アメリカで筋トレが文化として根付く理由

アメリカでは男性の腕は男らしさの象徴であり「guns＝銃」と称され、職業や乗っている車と同じぐらい重要視される。**職業や車種はそう簡単に変えられないが、筋トレすれば腕は太くなる。**当然、男どもは筋トレに励む。アメリカで筋トレが文化として根付く最大の理由である。

筋トレをやり込めば人生最高のモテ期が到来する

筋トレやり込んでモテるとかモテないとかどうでもいいって境地に達した時、君は人生最高のモテ期に突入する。しかしその時点で時すでに遅し。君はジムに行きたいからとデート断ったり減量中だからと言って食事の誘いを断ったりし始める可能性大だ！　**まあ先のことなんて気にせずとりあえずジム行ってこい。**

筋トレオタクはかわいい

筋トレオタクは力強くて頭も良く頼り甲斐がある上に、無料ボディーガード兼パーソナルトレーナーもこなすし、**アボカドやココナッツオイルなど女性に人気の美容食材に超敏感だし**、チョコレートやパンケーキなどの甘い物好きが多く、すべては筋肉のためにという行動指針でお風呂上がりにはヨガやストレッチもこなします。そういう彼氏がほしい人は筋トレオタクが超お勧めです。

筋トレとプロテインは美肌への最短ルート

ピチピチお肌を手に入れたいなら乳液を塗りたくってる場合でもエステ行ってる場合でもない。外側から攻めるよりも**プロテインとフィッシュオイル摂取して筋トレして汗かいてたくさん水飲んで代謝上げて内側から攻めろ。**身体は本来肌を最高の状態に保つ能力を持ってる。無駄にするな。乳液やエステはその後だ。

筋トレと料理を頑張れば結婚できる

「どうしたら私を結婚相手として見てくれるかしら」という永遠のテーマにアメリカでは1つの答えが提示されている。「if she lifts and cooks, marry her.」「**もし彼女が筋トレも料理もするなら迷わず結婚しろ**」というものだ。

このセオリーもうすぐ日本にも来ます。

筋トレオタクに聞いた「彼女に作ってほしい料理ランキング」

1位 ササミのわさび醤油添え
2位 ササミの柚子胡椒添え
3位 ササミガーリックパウダー風味
4位 ササミカレー粉風味
5位 プロテイン
6位 ササミの蒸し物

ササミをパサパサにならぬよう茹で上げる技術、プライスレス。

【ササミ】鶏のむね肉に近い竜骨に張り付いている部位。味はやや淡泊だが脂肪も少なく、高タンパク低カロリー。

筋トレすれば
モテスパイラルがスタートする

マッチョだからってモテない。大切なのは姿勢だ。**とは言ってもモテたければ筋トレ。**

筋トレをする↓良い身体が手に入る↓自分を好きになる↓笑顔が増える↓親しみやすくなる↓友人が増える↓さらに筋トレ↓自信がつく↓異性に積極的になる

という流れで改善。**きっと足りないのは自信だけだ。** 筋トレ最強。

恋のライバルはダンベル

この話は冗談でもなんでもなく真面目な話なんだけど、熟練の筋トレオタクは36kg～60kgぐらいのダンベルで筋トレしてるから**女の子の体重聞くと真っ先にダンベルが思い浮かぶし重さも誰よりも的確に把握してる。**「俺、この子なら8回ダンベルプレスできるな……」的な。恋のライバルはダンベル。

【ダンベルプレス】バーベルを使うベンチプレスよりも扱える負荷は軽くなるものの、可動域を広くとることができる。

結婚相手には「趣味の合う異性」より「趣味のある異性」を選べ

結婚相手の条件として「趣味の合う異性」はダメ。夫婦は家庭という1つの世界に嫌でも縛られるんだから、趣味の世界まで被ってたら絶対に息が詰まる。正しくは「趣味のある異性」だ。**お互いに別々の世界を持っていれば、のびのびできて家庭も円満にまわる、って人生経験豊富なおっさんが言ってた。**

人付き合いも投資以上のリターンはない

理想通りの運命の相手なんて存在しない。良い相手がいないんじゃなくて覚悟が足りないんだよ。**本気で付き合って初めて相手も応えてくれる。**不特定多数の相手と遊びながら天秤に掛けて相手の本性も良い部分も見える訳がない。人付き合いってそういうもんだ。**自分が投資した分以上のモノは得られない。**

筋トレすれば「非モテ」の呪縛から解放される

モテないって嘆いてる君！筋トレでたくましい身体を作れ。スーツをオーダーメイドしろ。財布、ベルト、靴は一級品を持て。美容院や歯医者に通い清潔感を保て。嘆くのはそれからだ。実行して人並みにモテないなら深刻なので本気で焦れ。でも大丈夫。**その頃には筋トレにハマってモテとかどうでもよくなってる。**

好いてくれる人には敬意をもって接する（含ダンベル）

自分を好いてくれる人や告白してくれた人の事を悪く言うな。**恋人同士にはなれなくても尊敬の念を持って接しろ。**「好きになられると冷める」とか浅い事言うな。人を好きになるってのは尊い事でそれを本人に伝えるってのは本当に勇気のいる行為だ。踏みにじるな。**告白はないけどダンベルは多分俺の事好き。**

誠実でいれば
モテないはずがない

誠実な男がモテない訳ないだろう。人間関係は誠実さなしに成り立たない。収入、職業、容姿、ユーモア何が足りなくてモテないのか知らんが自分の欠点と誠実に向き合わず「女は誠実な男なんて求めてない！」って女のせいにして泣き言言ってる男が本当に誠実だと思うか？　**男なら胸を張って誠実でいろよな。**

筋トレオタクは浮気したくてもできない

筋トレオタクが浮気性か否かの話は置いておいて、浮気をする可能性が極めて低いのは本当です。9時―17時で働いて18時―20時で筋トレして超回復のために睡眠を7時間は確保したいとなると浮気する時間はない。**浮気どころか彼女作る時間もないので彼女すらいません！** そこ！　泣くな！

筋トレで自尊心と誇りを取り戻す

自分自身を好きになれない人間、大切にできない人間が他人に自分を好いてもらい大切にしてもらえると思うな。自分を好きになる努力をしろ。自分を大切にできるように誇りを持って生きろ。素晴らしい提案があるのですが、**筋トレをすると見た目（健康）が良くなる上に自己愛も誇りも同時に手に入ります。**

本気で筋トレすれば モテすらどうでもよくなる

筋トレを始めるキッカケで一番多いのは「モテるため」かもしれないが、1カ月も本気で筋トレすればそんな事はどうでも良くなる。補強、ストレス解消、健康管理等理由を挙げればキリがないが、**筋トレオタクに筋トレする理由を聞くと「分からない……」という回答が一番多い。**筋トレには強い中毒性がある。

筋トレオタクと結婚すべき理由

・ジムサプリ代しか使わないので経済的
・栄養摂取できれば毎日の献立が同じでもＯＫ
・心も身体も潰れる心配がなく定年まで安定した収入が望める
・**デカイので横にいると細く見える**
・筋トレと睡眠で忙しいので浮気しない
・筋トレ時間さえ与えておけば常にご機嫌

スクワットなしに美尻は生まれない

女性の場合、筋トレしている人としていない人で圧倒的な差がでるのは腹筋でも腕でもなくお尻。アメリカでは女性への最上級の賛美として「She squats.」「彼女はスクワットをしているに違いない」というセリフがある。丸みのある美しいお尻はスクワットなしに存在しない。レッツスクワット。

学生時代に出会う異性は代わりが効かない

学生時代に出会う、コイツと居ると居心地良いんだよな〜っていう異性は君が将来合コンで出会うであろう無数のハイスペやイケメン君、ゆるふわ〜なOLやセクシーなお姉さんよりも**貴重でかけがえのない存在であるという事を胸に留めておいてくれ。**

恋人を作る
ごく簡単なプロセス

恋人を作るのなんて簡単。素敵な人に出会ったら素敵だと伝えて、LINE聞いて、食事に誘って、何度かデートして、告白するだけ。**楽勝でしょ？** 俺はこの方法で日本の女の子はほとんどLINEやってないし、ほぼ年中無休で働きっぱなしだし、240時間ぐらい寝るし、**スマホが常に故障している**という知識を得たよ。

価値観の押し付けは カルトと同じ

結婚しない人は不幸だとか子供を作らない人は不幸だとか言ってくる人いると思うけど、そんなふうに価値観を押し付けられた時は「**あーまたカルト宗教の勧誘だ**」ぐらいに思っときゃいいよ。「○○しないと幸せになれない」とか完全にカルトの勧誘と同じでしょ。あなたはあなたの好きに生きて幸せになってね。

一方通行の恋愛にダンベルが勝るロジック

いくら好きでも、いくら愛情を注いでも、それが返ってこない相手なら諦めましょう。一方通行の思いは君の心をボロボロにするよ。人間関係って残酷なもので、バランスが取れてないと成り立たないんだ。その点ダンベルはいい。20kgのダンベルは20kgの力で持ち上げるしかない。**バランスが取れてる。**好き。

Testosterone
コラム
❺

初心者はまずBIG3より始めよ

初心者が最初に取り組むべき筋トレは、ビッグ3（スクワット・デッドリフト・ベンチプレス）だ。筋トレを初めて最初の1年間は、筋肉量を増やすには最高の時期である。最初の1年でパーフェクトな食事管理、トレーニングを行う事により、周囲が驚くほどの肉体改造に成功する事も不可能ではない。一番効果的な時期に、初心者用のマシーンだけを使用したプログラムを実行するのはもったいない。

ビッグ3はコンパウンドムーブメント（複合運動）と呼ばれ、様々な関節や筋肉が動員されて行われる最も効率的なトレーニングだ。重い重量を扱えるためケガを招きかねないが、きちんとしたフォームを見につければ心配はいらない。入会したらまずパーソナルトレーナーを見つけ「ビッグ

3のフォームを徹底的に教えてください。各種目週2回、計3週間で基礎を叩き込んでください」と伝えるのがお勧めだ。その後は、フォームの確認程度で済むのでわざわざパーソナル料金を支払わなくても「ちょっとフォーム見てくださいよ。崩れてません？」でOK。初期投資として、ビッグ3だけはきちんと習うようにしよう。

続いて初期のトレーニングメニューを紹介する。スクワット（脚）デッドリフト（背中）ベンチプレス（胸）をメインとして6～15レップス×5セット行い（ウォームアップはカウントしない）後はマシーンで他に2～4種目を3セットずつこなす。

（例）

Day1　スクワット（5セット）＋その他脚種目（レッグプレス、レッグエクステンション、レッグカール等）（計12セット程度）

Day2　ベンチプレス（5セット）＋その他胸種目（インクラインダン

ベルプレス、ダンベルフライ、ディップス等）（計12セット程度）

Day3　デッドリフト（5セット）＋その他背中種目（バーベルロウ、懸垂、ラットプルダウン等）（計12セット程度）

Day4　オフ

右の例ではオフ日を4日目に設定したが、身体と相談して決めてほしい。筋肉痛がひどければ3日間休んで回復に努めてもいいし、まだまだいけるというようであればオフを取る必要はない。ただ、スクワットとデッドリフトは全身運動であり、使用する筋肉がかぶっているため、実施日が連続しないようにすることを推奨する。目安として、1週間に1日も休息をとる必要がないようであれば、トレーニングの強度が足りていないと思った方がいい。

トレーニングと並行して栄養補給にも気を配ってほしい。自分の理想の栄養バランスが知りたい人は、無料で理想の栄養バランスを割り出せるツールをウェブ上に用意したのでＱＲコードからアクセスしてみてくれ。

筋トレをする人は一般人よりもタンパク質がより多く必要なため、高タンパクな食事を推奨しているが、そんな時に役立つのがプロテインだ。抵抗がある人もいるかもしれないが、プロテインは決して怪しい飲み物ではない。プロテイン（protein）は英語でタンパク質＝三大栄養素の一つ。それ以上でもそれ以下でもない。いつでも手軽にタンパク質を摂取できるようにパウダー化された食品で、ホエイプロテイン、カゼインプロテイン、ソイプロテイン、エッグプロテイン等様々な種類がある。お勧めは、ズバリ、ホエイプロテインだ。

ホエイプロテインは体への吸収速度が早く、吸収率も良いアメリカでも最もポピュラーなプロテインである。必須アミノ酸の含有量が多く、中でも筋肉の回復と修復に最も重要なＢＣＡＡを多く含む。速やかなタンパク質補給のため、運動直後に飲まれることが多い。サプリメント会社はホエイではないプロテインを様々な売り文句で販売しているが、基本的に全部無視でいい。ホエイプロテインを飲んでおけば間違いはない。カゼイン等の吸収が遅いプロテインにも利点はあるが、最初は気にしなくていい。

ホエイプロテインの中にもWPI（ホエイプロテインアイソレート）、WPC（ホエイプロテインコンセントレート）と種類がある。WPIはホエイプロテインの最もピュアな状態であり、最も吸収速度が速く高価。WPCは、WPIに比べると不純物が多少多いが、他の栄養分も含むため体に良いという研究もある。プロテインでおなかを壊してしまうという人は、おそらく乳糖（ラクトース）が原因なので、乳糖も取り除かれているWPIを試してみるといいだろう。

MR. TESTOSTERONE
ミスターテストステロン
＃5
地獄の水抜き10キロ減量
良い子はマネすんな！
画：福島モンタ
私の総合格闘技人生の本番は試合よりむしろ試合前の減量だった。
90kgあった私は持ち前のパワーを更に生かすべくコーチにこう告げた
ライト級（70kg）に転向したいのだが
プロテインは神様の鎧
ははは 体脂肪率5%にしたってお前は70kg以上あるよ！死ぬからやめときな
いや、出来る。成功したら面白いことになるぞ
!!
プロテインは
彼はジムの看板選手。プロ選手の中でもクレイジーな水抜きをすることで有名だ－
Clunk
ここに減量ブラザーズ誕生である－
2ヶ月後のライト級の試合に向け激しいトレーニングと食事管理が続き－
プロテイン
計量前日の体重－
なんと 80kg（笑）
つまりあと1日で10kg落とさなければならない…………
お前は明日死ぬかも知れない……
水抜き当日からさかのぼること1週間前から水を1日6～8ℓ飲み、塩分摂取量を減らしていく－
glug
glug
そして水抜き前日の夜に水分の摂取をピタッと止めるのだ
NO WATER
これが地獄の1日水抜き減量だ!!
すると身体は6～8ℓの水が入り込んでくることをリズムとして覚えているため体内の水分を放出しだす
一晩で－6kg
WC
1時間に1回トイレに行き翌朝の体重74kg。
しかしここからの-4kgが地獄だった
FURA FURA
YORO
YORO
サウナ ジョギング ミット打ち…
HENA
HENA
お前の減量はオレが見た中でも一、二を争うほどクレイジーだ!!
そう言って彼は爆笑した。
AHAHA
私も爆笑した。
彼の顔は笑っていなかった
そして計量－
WAAAAA
見事70kgパス――
試合はというと－
対戦相手が担架で運ばれる派手なKOで幕を閉じた－
THE END

第6章

そろそろ筋トレしたくなってきたあなたへ

1億総筋トレ社会が幸福を最大化する

日本人女性が筋トレをする↓魅力的なクビレ、丸みを帯びたヒップ、引き締まった美脚を有する女性の増加↓**美しい女性が増えると男共もカッコつけたくて仕事も筋トレも頑張る**↓テストステロン↓日本経済の復活↓魅力的な男女の増加↓結婚する人続出↓少子化解消↓皆幸せ↓自殺鬱病減少↓皆幸せ↓筋トレ∞

最高の人生をつくる5つの鉄則

最高の人生にしたいならこの5つ意識してみて。

①健康を最優先する。7時間は寝ろ！　栄養あるもん食え！　適度に運動しろ！

②8割の力で働け！　そして全力で遊べ！

③嫌われても気にするな！　誰からも嫌われないとか不可能

④やりたい事やれ！　やらずに後悔するよりやって後悔しろ

⑤**筋トレしろ！　筋肉は無敵**

高校教育には三角関数より ビッグ3を導入すべき

「高校教育で女子に（三角関数の）サイン、コサイン、タンジェントを教えて何になるのか」という発言が物議を醸していますが、**サイン、コサイン、タンジェントはどうでもいいのでスクワット、デッドリフト、ベンチプレスの学習の義務化はまだでしょうか。**ビッグ3の導入で日本は文字通り強くなります。

【ビッグ3】トレーニングの基本となるスクワット、ベンチプレス、デッドリフトの三種目。複合的な動きを伴うため、全身の筋肉をくまなく鍛えることができる。

筋トレの普及が日本を超回復に導く

筋トレの普及で日本は超回復します。

《高齢化・介護》老人も筋トレ→趣味と仲間ができる→寝たきり老人の激減→介護費用削減

《少子化》筋トレ→魅力的な男女の増加→結婚率UP→出生率UP

《経済》筋トレ→テストステロン→経済活性化

《犯罪》筋トレ→**町中にボディーガードみたいな男共が増加**→犯罪減

なぜマッチョは夏にタンクトップを着るのか

夏はタンクトップのマッチョが増えますが、彼らは決して自分の筋肉をアピールしてるわけではなく、**筋トレ中に自分の筋肉を観察してニヤニヤするため**に着ている事がほとんどです。「おっさんに見せるためにミニスカ履いてない」という女子高生と同じです。女子高生だと思って温かい目で見守ってあげて下さい。

プロテインは最強の間食である

「お腹すいた」→プロテイン
「運動後」→プロテイン
「お肌の調子が……」→プロテイン
「ダイエット」→プロテイン
「甘い物食べたい」→プロテイン
「仲直りの」→プロテイン

プロテイン以上の間食はない。身体は糖新生によりタンパク質から糖分を生成できる。**神様の主食は十中八九プロテイン。**

ストレスホルモンとかいう凶悪犯罪者

陰口悪口嫌がらせに反応してはいけない。イライラするとストレスホルモンと呼ばれるコルチゾールが分泌され、コルチゾールは筋肉を分解する。イライラすると筋肉が減るんだ。**必死で手に入れた愛する筋肉を分解されるとかもはや凶悪犯罪だ。**ネガティブは徹底排除し筋肉を守るんだ。心の平穏を保つのだ。

ジムに行かなくても脂肪は燃やせる

ジムに行かず筋肉を鍛え脂肪燃焼を促すにはインターバルトレーニング一択です。ジョギング3分→ダッシュ30秒を1セットとし、これを6―10セット。休憩は入れず心拍数はジョギングの際に整えます。ダッシュでは脚の筋肉はもちろん上半身の筋肉も使われるため全身鍛えられる上に脂肪燃焼効果は抜群です。

筋トレすると必ず気分がアガる

気分ガタ落ちって時こそ筋トレすると開始20分後ぐらいに「**うそやん！　気分上がってきてるやん！　魔法やん！**」となる。筋トレが終わっても気分は落ちない上に、疲労で夜はグッスリ眠れるので寝る前に悩まなくていいし翌朝は筋肉痛が心地良く朝からニヤニヤ。**二日酔いで体調も気分も悪くなる酒とは大違い。**

筋トレオタクの種類

「ひたすらデカく……」バルク派
「バルクもカットも両立」ボディビルダー派
「カッコ良くて美しいモテる身体」フィジーク派
「男は扱う重量」パワーリフター派
「競技力のために」アスリート派
「そこにバーベルがあるから……」迷子派

あなたは何派？　私は迷子派。

【フィジーク】筋肉の発達具合を競うボディビルに対し、体のバランスやカッコよさで勝負する競技。「ベストボディジャパン」など日本でもフィジークの大会が盛んになってきている。

私がダンベルを好きすぎる理由

人付き合いで悩む人は優しすぎるんだよ。すべての人と平等に接する必要はないよ。**相手が自分に払ってくれる敬意の分だけの敬意を持って相手と接すればいい。**悪意を持って接してくる人にまで誠実な対応をするから疲れちゃうんだよ。その点ダンベルはいい。20kgのダンベルは常に20kg。**信頼できる。**好き。

筋トレしない日を決める方法

晴れの日→「なんて清々しい日だ！　ジム日和！」
雨の日→「ジムに雨は関係無い！　筋トレ万能！　ジム日和！」
嬉しい日「気分が最高だ！　筋トレしてもっと気分上げよう！」
悲しい日「気分が最低だ。筋トレして気分上げよう！」

となるので筋トレをしない日を決めるのが困難を極める。てか無理。

筋骨隆々な身体は周囲を圧倒する

使える／使えない筋肉なんてどうでもいい。筋骨隆々の身体はその見た目だけで周りを圧倒する。原爆保有国が実際に原爆を使うか？　筋肉も原爆と一緒で使わなくても護身となり平和を保ってくれる。**難点はコンビニ入ると「絶対サラダチキン買いに来たな」っていう痛い視線と偏見だけ。**まあ、買うんだけど。

【サラダチキン】コンビニ等で買える蒸した鶏むね肉。安い、おいしい、高タンパク低カロリーの三拍子そろった食品で筋トレマニアの間でも大ブレークした。毎食サラダチキンだと少々塩分が気になる。

筋トレ1年目は無敵状態！迷わず鍛えよ

筋トレ初心者にとって1年目はマリオでいうスター状態なので爆走すべき。

爆走とは炭水化物もタンパク質も十分に摂取し有酸素は行わず筋肥大だけを狙うという事。それほどに初年度の筋トレは身体にとって新鮮な刺激だ。ここを無駄にすると身体が筋トレに慣れてしまい取り返すのに長い年月がかかるかも。

筋肉は失ってもすぐ取り戻せる

お金や資産は時として我々を裏切りますが、筋肉は我々を裏切りません。収入や資産は一度失えばそれまでですが、筋肉は違います。マッスルメモリーという言葉がありまして、**ケガや病気で筋量をすべて失ったとしても筋トレを再開すれば驚異的スピードで筋量が戻ります。**筋肉、素敵で無敵過ぎるだろ？

筋トレバカはSなのかMなのか？

「男女間の友情はあり得るのか」という質問と同じぐらい答えの出ない問題が筋トレ界にある。「筋トレバカはSなのかMなのか」という問題だ。**自分で自分を死ぬほど追い込む事に快感を覚えるドSな一面を持つ一方、その苦しみを心底楽しむドMな一面もある。**筋トレは一人SMだから気持ち良いのです（違う）。

今必死に上げている重量もいつか準備運動になる

筋トレでもスポーツでも、開始した当初は不可能だと思っていた重量や記録が気付かぬうちにウォームアップとなる。人生も同じだ。**実現不可能だと思う目標だっていつかは日常となる。**近道はない。日々の小さな努力が積み重なって初めて実現できる。一度きりの人生だ。自分を信じろ。不可能など存在しない。

ウエイトは通貨よりも信頼できる

「お金は裏切らない」と同じ勢いでアメリカの筋トレオタクの間では「ウエイトは裏切らない。お前が落ち込んでいようと幸せであろうと100kgは100kgだ。さあ持ち上げろ！」っていう素晴らしい格言があります。**最近の円安見てるとウエイトは通貨よりも信頼置けるよね。**ウエイトの勝ち。

筋トレすれば身体をアップデートできる

膨大な労力と時間を費やして年に3kg筋肉が増える。**この3kgは1年前は地球上に質量として存在していない。**3kgと言えば赤ちゃん1人分。**アップルウォッチとかより人間の身体の方がよっぽどギミック詰まってて面白い**から筋トレしてアップデートしていこうな。

筋トレは害のない麻薬である

麻薬としての筋トレを提唱したい。筋トレ前後はテンションがバカみたいに上がり自信があふれ出してきて自分に酔える。酒もクスリもやらずに覚醒できる。健康に害はない上に副作用はアンチエイジング・健康管理・ボディメイク・ストレス解消ときたもんだ。**健康的に経済的に自分に酔えるのは筋トレだけ。**

筋トレオタクになるべき8つの理由

①生活が規則正しくなる　②休日が充実する　③栄養学の知識がつく　④ストレスと上手に付き合える　⑤話のタネになる　⑥DQNからの熱いリスペクト　⑦筋肉量以外どうでも良くなる　**⑧つらい日も悲しい日もバーベルは動かず所定の位置に居てくれる**

ジム外での行動が勝負を分ける

ハードに筋トレしてもデカくならんと嘆いてるそこの君！　筋肉はジムで作られるんじゃない。**週4回の筋トレで全力を出し切るのは当然だがちゃんと週35回以上食べてるか？　週8時間の筋トレをこなすのはいいが週56時間以上寝てるか？**

筋トレというゲームは面白いモノでジムの外での行動が勝敗を分ける。

筋トレでストレスも体力も吹っ飛ばして平和に導く

筋トレは日本の平和にもつながる。ほとんどの争い事はストレス過多&体力が有り余ってるから起きる訳だけど、**筋トレしたらストレスも体力も吹っ飛び解決。**軽犯罪だって、逃げ切れると思うからする訳だけど脚トレの次の日とか「昨日脚トレだったしやめとくか」「明日脚トレだから温存しとくか」みたいになる。

筋肉は紛争を平和的に解決する

殴るとか暴力的で良くないので、地道にジムで筋トレを続けて体重3桁体脂肪率12%ぐらいの身体を作って「止めろ」の一言で場を収めるのが一番だな。無駄な争いは暴力じゃなくて筋肉で平和的に解決するに限る。「**争いは止めてください！　傷つくのは僕の筋繊維だけで十分です！**」って筋肉の塊が平和を叫ぶ。

熱中症対策としての筋トレ

熱中症を恐れるそこの君！　対策を教えよう。筋トレです。筋肉には水分を蓄えるタンクの様な役割があり、筋肉量が多ければ熱中症対策も万全です。「**筋肉は世の中の99%の問題を解決する**」セオリーを唱え続けていますが冗談ではなく本気です。陰ながら水溜め込んで熱中症対策までしてくれる筋肉、好き。

痩せるエステ<<<筋トレ

女性が筋トレしても太くムキムキにならない上にストレス解消、鬱病対策、ホルモンバランスの整え、美しいスタイル維持、運動不足の解消、安眠、ハリツヤのある肌、アンチエイジング、健康維持等の効果があります。**筋トレしない理由が見つかりません。**痩せるエステ通ってる場合じゃありませんよ！

一緒に筋トレすると相手のすべてが分かる

一緒に筋トレすれば人を理解できる。スクワットのしゃがむ深さで誠実さ、筋トレ後半の追い込みで根性、筋トレのバリエーションで勤勉さ、筋トレ前中後のサプリ摂取で計画性、ダンベルの扱い方で異性の扱い方、バーベルの扱い方で配偶者の扱い方、休憩中の会話でコミュ力、が如実に分かる。**最高だ。**

腹筋を最速で割りたければスクワットの理由

①腹筋は鍛えなくても元々割れている
②カロリー消費が最も激しい全身運動である
③脚の筋肉は大きいので鍛えれば実質代謝が格段に上がる
④成長ホルモンが分泌される＝脂肪燃焼
⑤つら過ぎて「せっかくスクワットしたし……」と食事制限にも精が出る

筋トレで得られる9つのメリット

①悩みが消える　②カッコ良い／美しい身体が手に入る　③異業種の友人が増える　④最強のダイエット／体重維持法　⑤出費が減る（交際費医療費娯楽費）　**⑥筋肉に国境はない**　⑦モテる　⑧街でビクビクしなくていい　**⑨ダンベルは何があっても裏切らない**

筋トレの義務教育化がもたらすもの

筋トレと栄養学の義務教育化↓真の意味での健康大国に↓医療費の削減↓国家予算節約↓市営ジムの充実化↓筋トレ↓テストステロン増加↓闘争心に火がつく↓経済活性化↓更なるジムの増加↓世界で活躍するアスリートの増加↓オリンピック成績向上↓経済活性化↓**ホームジム**

が常識という世界お願いします。

筋肉はそう簡単につかない。ムキムキになる心配はない

「筋肉ムキムキでゴツくなりたくないから筋トレしません！」という発言は小学生が「**物理学者になる気はないので算数はやりません！**」と言ったり社会人が「**プロのレーサーになる気はないので運転しません！**」と言うぐらい滑稽だ。筋肉、そう簡単に付かないし楽しいからいらん心配してないで筋トレしよう。

仕事終わりのビールより筋トレ終わりのプロテイン

酒なんて飲まなくてもヘッドホン装着して音楽大音量で流して筋トレしたら酔える。ジムは月会費なのでどれだけ筋トレして酔っても定額で経済的。二日酔いの代わりに筋肉痛がくるけど、この筋肉痛がまた最高に心地良くて、**仕事終わりのビールより筋トレ終わりのプロテインのがうまい。非の打ち所がねえ。**

偉そうに断定口調で話す奴の特徴

賢くなればなるほど自分がいかに何も知らないか気付いて断定口調で話さなくなるし、偉くなればなるほど偉そうに振る舞う必要がなくなり他者に丁寧に接するようになる。断定口調で話す奴は100％ただのアホだし、偉そうな奴は実際はたいして偉くない小物だよ。**お前ら、俺の貴重な話がこの本で読めて本当に良かったな。**

当たりくじを払い戻さないのに等しい行動

「頭ではわかってるんだけどできない」とか「それができたら苦労しない」って超もったいないよ。7時間睡眠、**筋トレ**、適度な運動、**筋トレ**、食事管理、**筋トレ**、勉強などなど、この世にはやったら100％人生が好転するアクションが山ほど存在する。それらをやらないって、当たった宝くじを換金しないようなもんだよ。幸せを自ら放棄してるようなもんだよ。

「努力は無駄」論が見落としているもの

努力で得られるものは成功ではなく成長だ。「努力は無駄」論者はそれをわかってない。成功は運の要素も関わってくるが、努力すれば必ず成長する。**成功しなかった＝成長しなかったではない**のだ。断言する。この世に無駄な努力なんてもんはない。努力した後の君は努力する前の君より確実に成長している。

自分を大切に生きるための鉄則

あなたを大切にしない人をあなたが大切にする必要はない。あなたの良さがわからない人のためにあなたが無理をする必要はない。あなたに過度な期待を押し付けてくる人のためにあなたが生き方を変える必要はない。あなたに嫌がらせしてくる人は**筋肉でひねり潰せばいい。**ここテストに出すので丸暗記して下さい。

時には「手放す勇気」も必要

古い何かを捨てるから新しい何かが手に入る。慣れ親しんだ人や物には情が移るが、情を断ち切ってでも前に進まねばならない時がある。情に縛られてるとあなたは多くのチャンスを逃す。**20kgのダンベルを使うにはまずその手に持ってる10kgのダンベルを手放さないといけない。**手放す勇気を持ちましょう。

自分は究極的に自由であると自覚する

覚えといて。あなたは自由だ。今からダンス始めて大会出場を目指したっていいし、ピアノ始めて発表会目指してもいいし、推しに会うために海外遠征したっていいし、昔諦めた夢をまた追いかけたっていい。**あなたは自分で思ってるよりもずっとずっと自由だ。**意識が変われば世界も変わる。自由に楽しくいこう。

悩んだら無敵のゴリラ思考で乗り切れ

悩んで落ち込んでしまう時は「もしゴリラならどうするか?」と考えると「ゴリラはこんな事で悩まない。人間は脳が発達し過ぎているから余計な事でゴチャゴチャ悩むのだ。**とりあえずバナナ食おう**」という結論に至り、悩むのがバカらしくなり悩みが消えます。私はこれを無敵のゴリラ思考と呼んでいます。

人の幸せを願える人が幸せになる理由

人の幸せを願える人になれ。人の幸せを一緒に喜んであげられる人になれ。それができれば**人の数だけ喜べる数も増え、他の人に良い事があるたびに自分も幸せになれる。**逆にそれができない人は人の数だけ嫉妬の数も増えて、他の人に良い事があるたびに惨めな思いをする事になる。この差はめちゃくちゃ大きい。

SNS疲れを防ぐ5箇条

①反対意見は必ずある。気にするな
②嫌われてもいい。好きな人とだけつながれるのがSNS最大の利点です
③人格否定は全て無視
④誤解される事を恐れない。不特定多数に発信してる以上誤解は避けられない
⑤過度のSNS依存になってるなら**ダンベルで**
スマホを破壊してその流れで筋トレ

成長スピードが速い人の特徴

成長スピードが速い人は良い意味でこだわりがない。間違いを指摘されたら素直にスグに修正するし、自分のやり方や意見よりもさらに良いやり方や意見があれば素早く取り入れる。ブレないのは目標と信念だけで、**やり方、考え方、意見などは超スピードで変化させていく。**

柔軟に変化できる人間が一番強い。

筋肉はあらゆる悩みを解決する

モテない↓筋肉不足　自信ない↓筋肉不足
痩せない↓筋肉不足　ナメられる↓筋肉不足
疲れやすい↓筋肉不足　肩こり腰痛↓筋肉不足
冷え性↓筋肉不足　服が似合わない↓筋肉不足
人生が楽しくない↓筋肉不足

あなたの悩みはどこから？
たぶん筋肉不足から！

ネガティブをポジティブに変換すれば道は開ける

心配するなワクワクしろ
悲観するな楽観しろ
批判するな応援しろ　悪口言うな人をほめろ
悩むな行動しろ　グチるな解決策を探せ
我慢するな主張しろ　恨むな忘れろ
悲しい顔すんな笑え
ごちゃごちゃ考えるな筋トレしろ
ネガティブな行動をポジティブな行動に置き換えるだけで人生がめちゃ楽しくなるよ。

史上最高の自分になることに集中しろ

人と自分を比べるな。上には上がいる。そのクセを直さないと今後ずっと劣等感に悩まされる人生になるぞ。才能も頑張ってきた時間も違う他人と比べるとか無意味。**比べるべきは他人ではなく過去の自分だ。**過去の自分なら努力すれば必ず超えていける。己を高めて自分史上最高の自分になる事にのみ集中しろ。

筋肉を得る過程で
すべてが手に入る

何か物足りないと感じているそこの君！　断言しよう。足りてないのは筋肉だ。筋肉を手に入れる過程で自信、健康、知識、仲間、成功、根性、品格、社交性、彼女っぽいもの（ダンベル）、自制心、タフなメンタル、趣味、親友っぽいもの（バーベル）すべてが手に入る。**探せ！　この世のすべてをジムに置いてきた！**

あとがき

「日本に筋トレを広めること」は僕の人生における大きな目標の一つだ。筋トレの持つ効能は、一言ではとても語れない。ホルモンバランスの調整や、テストステロン分泌による気分向上およびストレス解消効果、肉体改造に成功したことによって得られる自信と成功体験、体調の改善、アンチエイジング、トレーニングを通して学べる様々な教訓（タイムマネジメント、プラン作成・実行能力、モチベーション維持等）……。僕は人生において大切なことはすべて筋トレから学んだ。

筋トレは人生に彩りを加え、ジム以外でも成功できるノウハウを与えてくれる。僕は別にボディビルダーになれとか、プロのアスリート並みのフィジカルを手に入れるために筋トレをしろと言っているわけではない。筋トレを通して人生の教訓を学んでほしい。日々のストレスを解消してほしい。理想の体型を作り、自分自身を好きになってほしい。身体を鍛えるためだけに筋トレをするのではなく、筋トレの効能を利用して人生をエンジョイしてほしい。僕自身が筋トレによって変われたと確信しているからこそ、筋トレを強く勧めている。

筋トレと食事制限の努力は絶対に裏切らない。正しいトレーニングを行い、適切な食事制限をすれば確実に理想の身体に近づく。道はそこにある。人生も同じだ。仕事だって、勉強だって、語学だって、人生におけるすべてのことは筋トレと同様にあなたを裏切ることはない。筋トレのように成果が数字には表れないかもしれない。資格のようなわかりやすい肩書がつくとも限らない。だが、努力があなたを裏切る事なんて絶対にないのだ。

努力は実らないと人生を悲観し、挑戦することを放棄してしまっている人たちをもう一度奮い立たせたい。僕は、筋トレを通してそれができると信じている。まずは、成果の見えやすい筋トレで、目標に向けて努力をする感覚、目標を達成した時の喜びを思い出そう。筋トレによりテストステロンを分泌させ、あふれる闘争心と自信を取り戻そう。筋トレによりたくましい体格を手に入れ、周りに一目置かれる存在になろう。日々のストレスはすべて筋トレで解消し、ポジティブなエナジーで生活を満たそう。

そして、それを活力に、あきらめていた夢や目標に再度挑戦する気になっていただけるのであれば、僕にとってこれ以上の喜びはない。

2016年1月29日　Testosterone

本書は2016年1月に弊社より刊行された
『筋トレが最強のソリューションである マッチョ社長が教える究極の悩み解決法』を
大幅に加筆修正したものです。

あとがきのあとがき

本書を読んで筋トレしたくてしたくてたまらなくなってしまった人に朗報だ。冒頭でも軽く紹介したが、一人でも多くの人が手軽に筋トレを始められるよう、俺は最強の筋トレアプリを作った。このアプリさえあれば気軽に自宅で筋トレを始められるので、ぜひ下記のＱＲコードを読み込んでチェックしてみてくれ。

食事管理機能や体型写真記録機能など有料の部分もあるが（それらも10日間は無料で使える！）、一番大事な筋トレ機能は無料開放してるから安心してくれ！　このアプリが存続し続ける限り、筋トレ機能は1年でも2年でもこの先ずっと無料で使える！（よ！　太っ腹！）

この本を最後まで読んでくれたあなたならわかると思うが、筋トレを始めたが最後、人生が劇的に上向いてしまうので覚悟して始めてほしい！

それでは、最後にみんなにメッセージを。

どうか皆が幸せでありますように。
不安な人には安心が、
苦しんでいる人には助けが、
がんばっている人には良い結果が、
孤独な人には愛が届きますように。
皆と皆の大切な人がいつまでも笑顔でいられますように。
皆が今日も明日も明後日も最高の一日を過ごせますように。
皆が毎晩グッスリ眠れますように。

僕の筋肉が大きくなりますように。

STAFF
カバーイラスト／師岡とおる
イラスト・漫画／福島モンタ
装 丁／金井久幸（TwoThree）
企画編集／臼杵秀之

筋トレが最強のソリューションである
マッチョ社長が教える究極の悩み解決法 バルクアップ版

2024年5月27日　初版第1刷発行

著　　者　Testosterone
発 行 者　品川泰一
発 行 所　株式会社ユーキャン学び出版
〒151-0053　東京都渋谷区代々木1-11-1
Tel 03-3378-2226
発 行 元　株式会社自由国民社
〒171-0033　東京都豊島区高田3-10-11
Tel 03-6233-0781（営業）
印刷・製本　シナノ書籍印刷株式会社

Printed in Japan　ISBN978-4-426-61579-6